I0126363

Henry Makow

# Guerra y genocidio

"Nosotros los judíos, somos los destructores y seguiremos siendo los destructores. Nada de lo que hagáis podrá satisfacer nuestras demandas y necesidades. Destruiremos para siempre porque queremos un mundo propio".

(Maurice Samuels, *You Gentiles,* 1924)

**Henry Makow PhD.**

Henry Makow tiene un doctorado en Literatura Inglesa por la Universidad de Toronto. Este es su quinto libro sobre la conspiración de los Illuminati. Su sitio web, henrymakow.com, es seguido con fervor en todo el mundo.

# *ILLUMINATI 4*
## *Guerra y genocidio*

*Illuminati 4 – Genocide and War*

Traducido y publicado por Omnia Veritas Limited

www.omnia-veritas.com



Contacto: hmakow@gmail.com

www.henrymakow.com

ISBN: 978-1-80540-332-6

**Portada**: Detalle - Tríptico de Jerónimo Bosch. Se cree que fue pintado en 1504 por encargo del gobernador de los Países Bajos, Felipe el Hermoso, aunque las dimensiones de la obra indicadas en el documento difieren de las del tríptico vienés. Se trata de la obra más grande que se conserva de Bosch.

Barbara pintándose la cara con su nieta

**DEDICADO A LA MEMORIA DE BARBARA LEE (1950-2024)**

Cada semana, Barbara desnudaba su poderosa alma con una colección de memes y fotos inspiradoras en su blog https://snippits-and-slappits.blogspot.com/. Su hija le exigió que se pusiera la vacuna COVID para ver a su nieto. Su sistema se paralizó por sepsis debido a la "vacuna". Era una mujer inteligente, valiente y descarada. RIP Barbara - Nos inspiraste a todos.

*El judío siempre actúa de forma calculada, y la suma de sus cálculos es quitarle todo a todo el mundo. Los judíos son la escoria de la tierra, pero también son grandes maestros en la mentira.*

- Arthur Schopenhauer, *Parerga y Paralipomena* 1851

*"Los judíos, todos ellos, nacen con un fanatismo rabioso en el corazón, igual que los bretones y los alemanes nacen con el pelo rubio. No me sorprendería en lo más mínimo que esta gente se convirtiera algún día en mortífera para la raza humana."*

- Voltaire en Lettres de Memmius à Ciceron, 1771

*"Israel ganó la guerra (I Guerra Mundial); nosotros la hicimos, nosotros prosperamos con ella, nosotros nos beneficiamos de ella. Fue nuestra venganza suprema contra el cristianismo".*

- El embajador judío de Austria en Londres,
el Conde Mensdorf. 1918

*"La responsabilidad de la última Guerra Mundial (I Guerra Mundial) recae únicamente sobre los hombros de los financieros internacionales (Los Rothschild, Loebs, Kuhns, Warburgs, etc.). Sobre ellos descansa la sangre de millones de muertos y millones de moribundos". - Actas del Congreso, 67º Congreso, 4ª Sesión, Documento del Senado nº 346, 1923*

*"Hasta que el control de la emisión de moneda y crédito sea devuelto al gobierno y reconocido como su responsabilidad más conspicua y sagrada, todas las conversaciones sobre la soberanía del Parlamento y de la democracia son ociosas e inútiles.... Una vez que una nación se desprende del control de su crédito, no importa quién haga las leyes... La usura, una vez en control, destrozará la nación."*

- William Lyon Mackenzie King
(Primer Ministro de Canadá, 1935-1948)

*"Israel necesita una guerra mundial, ¡y pronto! Israel está convencido de que el tiempo apremia. En su mente, su guerra mundial es una necesidad para que, en nombre de la paz indivisible, toda esa porción de la humanidad que desea deshacerse del yugo judío, pueda ser abatida."*

- Revue Internationale des Sociétés Secrètes, abril,1937

*Abodah Zara 26b: "Incluso el mejor de los gentiles debe ser asesinado".* (Talmud)

*"Pero nadie decía nada de él (Jesús) abiertamente por miedo a los judíos".* (Juan 7:13)

*Nuestros sabios Ancianos tenían toda la razón cuando escribieron que el estúpido goyim tiene ojos, pero no puede ver, y tiene oídos, pero no puede oír. Tenían tanta razón que una especie animal tan bovina e indigna no puede ser considerada humana. Tal como escribieron nuestros sabios rabinos en nuestro sagrado Talmud, poco después de librarnos del impostor Jesús, debemos tratarlos como a nuestro ganado.*

- Apéndice a los *Protocolos de Sión* (Ver dentro)

*No hay más ciego que el que no quiere ver.*

- Jonathan Swift

# Obertura

## Disonancia cognitiva

**Mientras todo el mundo se distrae con Taylor Swift, Bitcoin, Nvidia y los deportes, una antigua conspiración satánica planea exterminar a los gentiles y a los judíos asimilados utilizando otra guerra mundial como tapadera.**

Nos espera un duro despertar.

Una mañana, nos despertaremos y veremos que la mierda ha salpicado al ventilador.

Ataque nuclear. Apagón de Internet. Escasez de alimentos. Anarquía. Ley marcial. Sufrimos de disonancia cognitiva.

¡¡Se esconden a plena vista!

Dicen que planean esclavizarnos

"No poseerás nada y serás feliz".

Y, sin embargo, los ignoramos.

**Trump, Putin y Netanyahu pertenecen a Jabad, una secta catastrofista judía que quiere exterminar a los goyim.**

J. Edgar Hoover: "El individuo está incapacitado al encontrarse cara a cara con una conspiración tan monstruosa que no puede creer que exista.

Estamos en negación.

El logotipo de los Illuminati, una pirámide sin tapa, está en el USD.

¡Nos está mirando a la cara!

Sin embargo, ¿los Illuminati son una "teoría de la conspiración"?

El logo de la Convención del Partido Demócrata de 2020 era una estrella de Baphomet en una D de "¡Muerte 2 (mapa de) América!". Sin embargo, nadie se atrevió a reconocerlo.

Donald Trump hace constantemente el signo de la mano de la oración masónica hacia abajo "Merkel" pero nadie le reta por ello.

Nadie le pide cuentas por la estafdemia, las vacunas asesinas y Jeffrey Epstein.

¿Lee Harvey Oswald asesinó a JFK?

¿El combustible para aviones derribó las torres gemelas el 11-S?

¿El WTC 7 estaba preparado para la demolición?

¿Un avión chocó contra el Pentágono?

Joe Biden obtuvo el mayor número de votos de la historia y, sin embargo, no pudo atraer a 50 personas a un mitin.

Se jactó de tener "la mejor organización de manipulación de votos de la historia" y, sin embargo, las elecciones de 2020 no fueron anuladas.

Biden era obviamente un pedófilo recibiendo sobornos. Ignóralo.

Sus crímenes fueron documentados en la laptop de Hunter. Ignóralo.

La película *El show de Truman* (1998) mostraba a Truman Burbank, interpretado por Jim Carey, viviendo en un mundo en el que todos eran actores que le mantenían en una falsa realidad mental.

Todos somos Truman Burbanks. Una antigua conspiración satánica, un virulento cáncer , ha consumido a la humanidad. Esta es nuestra verdadera historia secreta.

## NO CREAS A TUS OJOS MENTIROSOS

En la mejor película de los Oscar 2003, *Chicago*, una esposa sorprende a su marido en la cama con dos mujeres.

Saca su pistola.

"No dispares", dice. "Estoy solo."

"¡Mentirosa!", dice.

"Cree lo que te digo, no lo que ves", responde.

Ella le dispara.

En cambio, los estadounidenses creen lo que les dicen.

El modus operandi cabalista es convencerte de que *tu destrucción es por tu propio bien*.

Cierren el país. Es por su propio bien.

Convencer a las mujeres de que malgastar sus años más fértiles persiguiendo una carrera y la promiscuidad es "empoderar.

Convencer a las naciones occidentales de que destruyan su patrimonio racial y cultural porque "la diversidad es nuestra fuerza.

Destruir la identidad de género y promover la disfunción homosexual entre los niños en nombre de la tolerancia. "El amor es el amor". Es "progresista".

Destruir matrimonios y familias amorosas en nombre de la "igualdad de género".

Si el cierre fuera para "proteger la salud", ¿por qué se a las personas sanas asistir a la iglesia en Semana Santa?

¿Prohibido sentarse en su jardín o pasear solo por la playa?

Esto no tenía nada que ver con la prevención de la enfermedad y todo que ver con la abolición de los derechos civiles.

La estafa fue una prueba de nuestra credulidad y docilidad, y con la excepción de unos cuantos camioneros canadienses, fracasamos.

En una pandemia real, se pone en cuarentena a los enfermos, NO a los sanos.

Interpretan nuestra docilidad como CONSENTIMIENTO. Creen que estamos moralmente comprometidos.

**PUNTO LÍMITE**

La humanidad se encuentra en un punto de inflexión.

Nunca en la historia un pequeño grupo de parásitos del mal ha acumulado tanto poder. La mayoría está distraída. No se dan cuenta de lo que está en juego. Estamos condenados. El camino de nuestro desarrollo natural, que es espiritual, está bloqueado. En su lugar, somos prisioneros de un culto a la muerte, entrando en una Edad Oscura.

A pesar de nuestros maravillosos logros técnicos, la humanidad ha fracasado en términos políticos y culturales.

*¿Puedes ver lo trágico que es esto?*

Si la humanidad es la criatura más avanzada del universo...

Pero mil años no son nada para Dios, que es eterno.

La humanidad retomará su camino algún día, u otra criatura se ganará el favor de Dios.

**Los fanáticos religiosos judíos ponen en peligro la supervivencia de todos los judíos y de la humanidad en general.**

# Introducción

## Leí *Ascenso y caída del Tercer Reich* de William Shirer cuando tenía diez años.

Como hijo de supervivientes del holocausto, pregunté: "¿Cómo pueden los adultos exigir mi respeto cuando han hecho semejante desastre?

A la edad de 75 años, ahora entiendo que la humanidad ha sido saboteada por la Judería Organizada (el cartel bancario mundial de Rothschild) usando la Masonería (Judaísmo Cabalista para Gentiles) como instrumento.

Los satanistas han estado royendo los cimientos de la Civilización Occidental desde la Revolución Inglesa y la fundación del Banco de Inglaterra en 1694. En el siglo XIX, tomó la forma del imperialismo "británico" y el objetivo de la Mesa Redonda de Rodas de "absorber la riqueza del mundo.

A lo largo de la historia moderna, los masones de ambos bandos iniciaron guerras para socavar y destruir la civilización occidental (cristiana).

La despoblación ha sido su tema constante.

*Los Illuminati 4,* así como *los Illuminati 1-3*, demuestran que las grandes guerras son patrañas destinadas a exterminar a los patriotas y a los civiles de ambos bandos

Churchill, FDR, Stalin y Hitler eran todos masones.

**Trump, Netanyahu y Putin son masones. Pertenecen a Jabad, un culto supremacista judío genocida que está ocupado en la ingeniería de "un cataclismo social", un requisito previo para el regreso del "Mesías" judío.**

Esto es mucho más grande que las disputas por la tierra. De una abominación como la de Gaza no se vuelve. Esto es todo o nada: la

Tercera Guerra Mundial.

Esta es la culminación de una conspiración de siglos para, en última instancia, robar y esclavizar a los "no judíos" y exterminar a cualquiera que no cumpla.

Quieren matarnos. Las "vacunas" deberían haberte puesto sobre aviso.

En el pasado, millones de personas han muerto por alguna ilusión. Sabrás por qué tú y tu familia sido mutilados o asesinados.

## LAS GUERRAS SON LA COSECHA DE LOS JUDÍOS

El Gran Rabino de Francia, el rabino Reichorn, declaró en 1869:

> "Gracias al terrible poder de nuestros bancos internacionales, hemos obligado a los cristianos a guerras sin número. Las guerras tienen un valor especial para los judíos ya que los cristianos se masacran unos a otros y hacen mas espacio para nosotros los judíos. Las guerras son la cosecha de los judíos. Los bancos judíos engordan con las guerras cristianas. Más de 200 millones de cristianos han sido borrados de la faz de la tierra por las guerras, y el fin aún no ha llegado."
>
> Charles Weisman - *¿Quién es Esaú-Edom?* (1991) p.93

Según Bill Cooper, Israel fue creado como "el instrumento para provocar la Batalla de Armagedón y el cumplimiento de la profecía", una guerra nuclear tan horrible la gente rogará por un gobierno mundial.

*https://youtube.com/shorts/Mr4Zp5PrP08?si=fouusVmZmgh1WOa*

## POR QUÉ DEBEMOS MORIR

**La respuesta se** encuentra en la diferencia entre cristianismo y judaísmo. El judaísmo es un culto satánico disfrazado de religión.

Nos ha lavado el cerebro para negar la existencia de Dios.

Nos ha robado el alma. ¡Tu alma es la zarza ardiente! El verdadero oro!

**"En el momento en que buscáis la felicidad fuera de vosotros mismos, os convertís en nuestros sirvientes voluntarios", dijo Harold Rosenthal, informante de los Illuminati.**

**"Os habéis vuelto adictos a nuestra medicina, a través de la cual nos hemos convertido en vuestros amos absolutos... Un pueblo insatisfecho es un peón en nuestro juego de conquista del mundo".**

*https://henrymakow.com/2024/05/The-Illuminatis-Secret-Weapon.html*

Todos nuestros problemas surgen de la negación de nuestra conexión anímica con Dios. Para llenar el vacío, la humanidad es adicta al dinero, el sexo, el poder, las drogas, la comida, los juguetes y las trivialidades.

El dios cabalista, Lucifer, representa una revuelta contra Dios y la naturaleza. Sencillamente, suplantan a Dios e invierten la realidad para adaptarla a su agenda diabólica.

"Secularismo" y "humanismo" son máscaras del satanismo. Ahora, se han quitado las máscaras.

Creen que son Dios y que debemos adorarlos.

**LA CRISTIANIDAD**

El cristianismo reconoce que estamos conectados con nuestro Creador y entre nosotros por una inteligencia universal, un espíritu o alma.

*Dios es Espíritu; y los que le adoran, en espíritu y en verdad es necesario que le adoren.* (Juan 4:24)

Fuimos hechos a imagen de Dios. Ansiamos conocernos como Dios. Dios busca conocerse a través de nosotros.

Fuimos enviados aquí para crear el Cielo en la Tierra. Las instrucciones están en nuestra alma. En lo que respecta al hombre, Dios es un ideal espiritual, la Perfección.

*"Sed, pues, vosotros perfectos, como vuestro Padre que está en los cielos es perfecto",* Mt 5, 48.

Nuestras almas anhelan la unidad con nuestro Creador: dicha perfecta, verdad, bondad, amor, belleza y justicia. La reunión con Dios nos motiva a todos.

El judaísmo cabalista/talmúdico invierte los ideales espirituales.

El mal es bueno. Lo feo es hermoso. Lo enfermo es sano.

Lo antinatural es natural. (¡Los hombres pueden menstruar y tener hijos!)

El bien es el mal. La mentira es verdad. El odio es amor. La injusticia es justicia.

Este es nuestro mundo actual.

## DIOS

Dios es Conciencia, una dimensión en la que los ideales espirituales son evidentes, como la luz del sol que entra en una habitación oscura tras abrir las cortinas.

Llámalo conciencia de Cristo si lo prefieres. El mensaje de Cristo es que tenemos el potencial de ser como Él.

¿No es ese el objetivo del cristianismo?

Cristo no pretendía competir con Su Padre.

Si crees en el bien y el mal, en lo correcto y lo incorrecto, crees en Dios. Le sirves sirviendo a ideales espirituales.

Un artista sirve a la Belleza. Una esposa y madre, al Amor.

Mi Dios es la Verdad. La Verdad te hace libre

## EL JUDAÍSMO CABALISTA (CHABAD)

**Los judíos son el "Pueblo Elegido" de Dios en realidad significa que los no judíos tienen que morir.** Según el judaísmo cabalista/talmúdico, el propósito de los goyim es servir a los "judíos". Sólo los judíos son humanos. Todos los demás son subhumanos o animales.

El judaísmo organizado rechaza cualquier concepto de un Espíritu Divino.

El cabalismo rechaza la santidad de la vida humana en virtud de nuestra alma Divina común.

Yuval Harari, gurú del FEM, afirma que las personas son "animales hackeables" programados para servir como robots.

Las vacunas COVID pueden contener códigos de barras que nos conectan a una red. COVID son las siglas de "Certification Of Vaccination ID".

Según Catherine Austin Fitts "El nuevo modelo se llama transhumanismo. La idea es básicamente ponerle un chip a todo el mundo; ponerlos a control remoto a través del sistema de torres de telefonía móvil y en lugar de resonar con lo Divino, resuenan con una máquina.

El cristianismo cree que debemos discernir y obedecer a Dios (la Verdad.

Los judíos cabalistas (sionistas y comunistas) creen que la Verdad es lo que ellos digan que es. Te obligan a cumplir bajo pena de perder tu trabajo, ir a la cárcel o algo peor (genocidio.) Los fariseos crucificaron a Cristo. Uno pensaría que los sionistas cristianos entenderían el mensaje. Lo entenderán. Demasiado tarde.

## LOS JUDÍOS CABALISTAS SE CREEN DIOS

La razón por la que los israelíes no tienen reparos en disparar a mujeres y niños es que los no judíos son considerados animales.

Deuteronomio 7-2 "Debes destruir [a tus enemigos] totalmente. No hagas ningún tratado con ellos ni les muestres misericordia. No salvéis con vida a nada que respire, porque **sois un pueblo santo para el Señor, vuestro Dios, que os ha elegido de entre todos los pueblos de la faz de la tierra para ser su pueblo, su posesión preciada.**

Cualquiera que se resista a la "elección" judía debe morir.

El genocidio es aceptable. Empieza con los palestinos. Todos somos palestinos. El "Gran Israel" es el mundo entero.

*Isaias 60* dice que los judíos despojaran la riqueza gentil. (Klaus Schwab - "No poseerás nada pero serás feliz").

> "Comerás las riquezas de los gentiles, y en su gloria te jactarás cuando te entreguen su oro y su incienso... Para que los hombres te traigan las riquezas de los gentiles... Y sus reyes conducidos en humilde procesión

> ante ti, Porque la nación que no te sirva perecerá, será totalmente destruida".

El autor de la *Controversia de Sión*,[1] Douglas Read describió "La misión destructiva del judaísmo".

> "Los judaítas estaban gobernados por un sacerdocio que declaraba que la destrucción era la orden principal de Jehová y que ellos eran divinamente elegidos para destruir. Así se convirtieron en el único pueblo de la historia dedicado específicamente a la destrucción como tal. La destrucción como resultado de la guerra es una característica familiar de toda la historia humana. La destrucción como propósito declarado nunca se había conocido antes y la única fuente descubrible de esta idea única es la Torá-Talmud..."

*https://beforeitsnews.com/strange/2020/12/douglas-reed-judaisms-destructive mission-2476606.html*

*En Antisemitism, Its History and Causes* (1969) Bernard Lazare, judío, escribió: "El judío... no se contenta con destruir el cristianismo... sino que incita a la incredulidad, y luego impone a aquellos cuya fe ha socavado su propia concepción del mundo, de la moral y de la vida. Está empeñado en su misión histórica, la aniquilación de la religión de Cristo". (p. 158)

## "JUDÍOS" SE REFIERE A SATANISTAS, NO A JUDÍOS DE RAZA

"El Gran Rebe" Rabino Menachem Mendel Schneerson dijo,

> "Un judío no fue creado como un medio para algún otro propósito; él mismo ES el propósito, ya que la sustancia de todas las emanaciones divinas fue creada SÓLO para servir a los judíos."

A pesar de que Schneerson añadiera que "un alma no judía procede de tres esferas satánicas, mientras que el alma judía procede de la santidad", no parece que los judíos sean una norma racial.

Las Leyes Noájidas son "un conjunto de imperativos que, según el Talmud, fueron dados por Dios como un conjunto de leyes obligatorias para los "hijos de Noé", es decir, toda la humanidad".

---

[1] *La Controversia de Sión*, publicado por Omnia Veritas Ltd, www.omnia-veritas.com.

**Según la tradición judía, se dice que los no judíos que se adhieren a estas leyes son seguidores del noájida y se les considera gentiles justos que tienen asegurado un lugar en el mundo venidero".**

Por otra parte, ¡creer en Jesucristo se castiga con la decapitación por guillotina!

Las leyes noájidas se han introducido formalmente en el sistema legal estadounidense y el psicópata racista Schneerson ha sido honrado como vidente espiritual.

Confunden la Constitución Americana con la tiranía satánica judía.

> "Considerando que el Congreso reconoce la tradición histórica de los valores y principios éticos que son la base de la sociedad civilizada y **sobre los que se fundó nuestra gran Nación**; Considerando que estos valores y principios éticos han sido los cimientos de la sociedad desde los albores de la civilización, cuando eran conocidos como las Siete Leyes Noájidas...Considerando que el Rabino Menachem Mendel Schneerson, líder del movimiento Lubavitch, es universalmente respetado y venerado ... nos dirigimos a la educación y la caridad para devolver al mundo los valores morales y éticos contenidos en las Siete Leyes Noájidas."

*https://www.govtrack.us/congress/bills/102/hjres104/text*
*https://www.congress.gov/ bill/102nd-congress/house-joint-resolution/104/text*

No se equivoquen, esto enmascara una tiranía satánica judía (comunista) sobre el mundo entero, administrada por un tribunal rabínico en Jerusalén bajo pena de guillotina, es decir, de genocidio.

Lo que Israel le hizo a Gaza es lo que a la judería organizada (Jabad) le gustaría hacerle a todos los que no los adoran como Dios. El Scamdemic era una prueba de nuestra conformidad.

Todos los que acepten su dispensación satánica se salvarán.

> "Usamos el término raza judía meramente por razones de conveniencia lingüística", escribió Hitler a un amigo, " pues en el sentido real de la palabra, y desde un punto de vista genético, no hay raza judía... La raza judía es ante todo una comunidad del espíritu."

Del mismo modo, los judíos que rechacen esta locura serán guillotinados junto con el resto de los goyim recalcitrantes.

*https://henrymakow.com/2020/06/laurent-guyenot-solves-the-jewish-question.html*

## "JUDÍOS" SE DEFINE POR LA CREENCIA EN LUCIFER

David Spangler, *Director de la Iniciativa Planetaria* de las Naciones Unidas, dijo: "Nadie entrará en el Nuevo Orden Mundial a menos que se comprometa a adorar a Lucifer. Nadie entrará en la Nueva Era a menos que tome una Iniciación Luciferina.

Benjamin Crème, otro prominente "profeta" de la Nueva Era insiste en que aquellos que se nieguen a unirse a esta Iniciación Mundial se encontrarán en minoría y tendrán que "retirarse de esta vida." *La Misión de Matrieya*, p. 128

¿Te recuerda al pasaporte vacunal?

¿Te recuerda a un genocidio? ¿Cumplir o morir? Según Patrick O'Carroll, el Anticristo es el "Mesías del Fin de los Tiempos" judío o "Moshiach ben David.

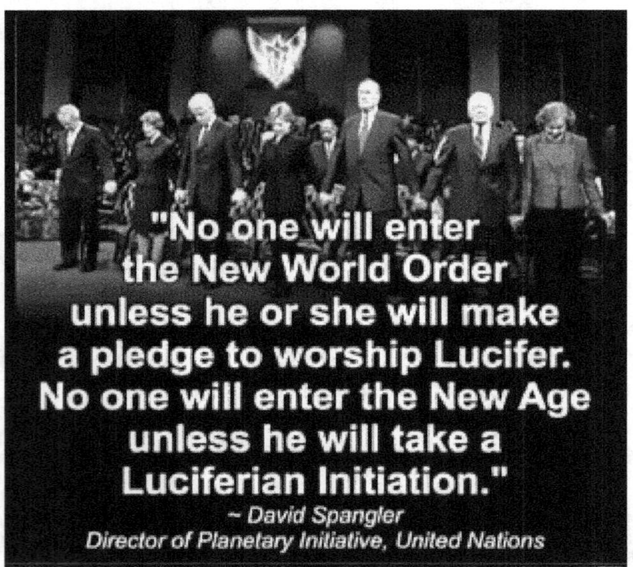


Puedo distinguir a los Bush, los Clinton y los Carter...

Según el "santo" rabino de Jabad Menajem Mendel Schneerson, el principal requisito para que el Anticristo venga a la Tierra es el genocidio de los cristianos.

Hasta la muerte de Schneerson en junio de 1994, muchos seguidores creían que era el Mesías, pero Schneerson explicó que, si fuera el Anticristo no habría habido cristianos vivos durante su vida.

Un requisito clave de Jabad para que se instale el "Mesías del Fin de los Tiempos" judío es el genocidio de los cristianos.

En julio de 2024, el "santo" rabino de Jabad Isser Weisberg dijo que Donald Trump desempeñará un papel clave en el advenimiento del Mesías.

*https://old.bitchute.com/video/1argN02mzJf5/*

Weisberg dice que la "ventana final" para instalar al Anticristo es el Año Hebreo que dura desde Rosh Hashanah 2027 hasta Rosh Hashanah 2028, es decir, desde el 2 de octubre de 2027 hasta el 30 de septiembre de 2028.

*https://henrymakow.com/2024/12/patrick-ocarroll---trump-prepa.html*

Según la Agencia Telegráfica Judía, el 4 de enero de 1962, el Primer Ministro de Israel, David Ben-Gurion, declaró que Jerusalén será la capital del Nuevo Orden Mundial:

> "En Jerusalén, las Naciones Unidas (unas Naciones verdaderamente Unidas) construirán un Santuario de los Profetas al servicio de la unión federada de todos los continentes; éste será la sede del tribunal supremo de la humanidad, para dirimir todas las controversias entre los continentes federados, como profetizó Isaías.

*http://www.jta.org/1962/01/04/archive/ben-gurion-foresees-gradual democratización-de-la-unión-soviética*

## LAS GUERRAS SE ORQUESTAN ENTRE DOS RAMAS DE LA MASONERÍA

El comunismo y el sionismo son dos ramas de la masonería, dos caras de la misma moneda de Rothschild.

La judería organizada se ha dividido en dos equipos para aplastar a la civilización occidental entre el mortero del comunismo (izquierda) y el mortero del sionismo (derecha).

La Segunda Guerra Mundial enfrentó a los comunistas (los Aliados) y los sionistas (nazis, fascistas).

Del mismo modo, la Tercera Guerra Mundial es entre los comunistas (Rusia, China, Irán, el Islam radical, los BRICS) y los sionistas (Israel, EE.UU., la OTAN, Ucrania y Argentina).

Nos han lavado el cerebro para que creamos que la guerra es normal y patriótica. De hecho, la guerra es antinatural y un síntoma de locura. "A quien los dioses quieren destruir, primero lo vuelven loco". - Eurípides

Trump fue la "Persona del Año" de la revista TIME en 2024. Adolf Hitler fue el "Hombre del Año" de *TIME* en 1938. Ambos hombres tienen la misión de llevar a sus países a la guerra.

Cuando Rusia invadió Ucrania, los Rothschild pusieron su engaño COVID en un segundo . Siguen vendiendo venenos, pero la pandemia siempre fue el "Plan B". Por alguna razón volvieron al Plan A, la Tercera Guerra Mundial, para encubrir las crisis fiscales, el genocidio de vacunas y con fines destructivos en general.

Trump fue s-elegido para reconstruir el patriotismo estadounidense por lo que los goyim se convertirán gustosamente en carne de cañón una vez más. Una bandera falsa despertará su celo patriótico.

Cuando el Servicio Secreto fue cómplice del falso asesinato en Butler PA, supe que Trump iba a ganar. Un símbolo masónico común, la bandera de EE.UU. al revés estaba al frente y al centro de la imagen,

Rusia es cómplice de esta estafa. El ministro de Exteriores ruso, Sergei Lavrov, se refiere a Occidente como "anglosajones.

> "En estos momentos, estamos siendo testigos de cómo los anglosajones están empujando literalmente a Oriente Próximo al borde de una gran guerra", declaró Lavrov.

Los anglosajones, y especialmente los cristianos, son una mayoría perseguida en Occidente. Sus gobiernos se han vuelto corruptos, sus países han sido invadidos por inmigrantes, sus hijas obligadas a competir con transexuales y a ducharse con ellos, sus hijos reciben bloqueadores de la pubertad, sus cielos y alimentos envenenados, su cultura y patrimonio cancelados. Los occidentales viven en bajo la ocupación comunista-sionista y necesitan urgentemente patrias nacionales, ya que los judíos masones y los traidores goy les han usurpado las suyas.

Según la obra de Peter Goodgame, *Los globalistas y los islamistas*,[2] los masones han dado forma a todas las organizaciones terroristas del siglo XX, incluidos los Hermanos Musulmanes de Egipto, Hamás de Palestina y el movimiento jomeinista de Irán. Pero la historia de su duplicidad se remonta al siglo XVIII, cuando los francmasones británicos crearon la secta wahabí de la propia Arabia Saudí, para favorecer sus objetivos imperialistas.

Los islamistas (Hamás, Hezbolá, Irán) también son masones. El parlamento iraní tiene forma de pirámide y el país está salpicado de logias masónicas.

---

[2] *Los Globalistas y los Islamistas, Fomentando el "choque de civilizaciones" para un Nuevo Orden Mundial*, Omnia Veritas Ltd, www.omnia-veritas.com.

(Ver dentro - *Israel e Irán están dirigidos por masones que planean la 3ª Guerra Mundial*)

El comunismo, el sionismo y el islamismo radical son sistemas de opresión. Todos son camisas de fuerza. No hay ningún sistema que represente los intereses nacionalistas conservadores cristianos y que al mismo tiempo denuncie el bárbaro genocidio de Israel. El húngaro Orban, el inglés Farage y el canadiense Poilievre se han negado cobardemente a condenar a Israel.

Condenar e instigar el genocidio es el precio que los occidentales deben pagar por un mínimo de independencia nacional y libertad. Debemos unirnos a cualquiera de las dos alas del mismo culto satánico.

## LAS TRES GUERRAS MUNDIALES DE ALBERT PIKE

En una carta de 1871 a Giuseppe Mazzini, Albert Pike, Gran Comendador Soberano Masónico, dijo que la Tercera Guerra Mundial sería urdida por masones de ambos bandos.

> "La Tercera Guerra Mundial debe ser fomentada aprovechando las diferencias causadas por los 'agentur' [agentes] de los 'Illuminati' entre los sionistas políticos y los líderes del Mundo Islámico. "La guerra debe llevarse a cabo de tal manera que el Islam (el mundo árabe musulmán) y el sionismo político (el Estado de Israel) se destruyan mutuamente. Mientras tanto, las otras naciones, una vez más divididas en este asunto, se verán obligadas a luchar hasta el punto del completo agotamiento físico, moral, espiritual y económico.
>
> "Desataremos a los nihilistas y a los ateos, y provocaremos un formidable cataclismo social que en todo su horror mostrará claramente a las naciones el efecto del ateísmo absoluto, origen del salvajismo y de la más sangrienta agitación."

Fíjese en la precisión de esta carta de 1871 sobre la Primera Guerra Mundial.

> "La Primera Guerra Mundial debe ser provocada para permitir a los Illuminati derrocar el poder de los zares en Rusia y de hacer de ese país una fortaleza del comunismo ateo. Las divergencias causadas por los "agentur" (agentes) de los Illuminati entre los Imperios Británico y Germánico serán utilizadas para fomentar esta guerra. Al final de la guerra, el Comunismo será construido y utilizado con el fin de destruir los otros gobiernos y con el fin de debilitar las religiones."

Pike dice que la Segunda Guerra Mundial enfrentó a nazis y sionistas, pero no es cierto. Los sionistas instalaron a los nazis. La guerra fue entre Sionistas (Fascistas, Nazis) y Comunistas (Rusia y los Aliados.) Sin embargo el tenía razón que la Segunda Guerra Mundial representaria un triunfo para el Comunismo.

> "Hay que fomentar la Segunda Guerra Mundial aprovechando las diferencias entre los fascistas y los sionistas políticos. Esta guerra debe ser provocada para que el nazismo sea destruido y para que el sionismo político sea lo suficientemente fuerte como para instituir un Estado soberano de Israel en Palestina. Durante la Segunda Guerra Mundial, el Comunismo Internacional debe hacerse lo suficientemente fuerte para equilibrar a la Cristiandad, que sería entonces refrenada y mantenida en jaque hasta el momento en que la necesitaríamos para el cataclismo social final."

*https://www.threeworldwars.com/albert-pike2.htm*

A las objeciones sobre el uso del término "nazi" por parte de Pike, un lector escribió: "El término nazi o nazismo se remonta a los partidos völkisch, que datan del siglo XIX. Estos partidos crearon el Partido Nacionalista Socialista. Muchos miembros de los nazis habían sido en realidad miembros de la Sociedad Thule, incluso antes de convertirse en miembros del partido nazi, como Rudolf Hess."

> "Albert Pike escribió extensamente sobre la Mítica y Mística Tribu Perdida de los Arios como fuente de la Francmasonería. Así que sólo tienes que conectar los puntos para ver realmente que esta carta a Mazzini es 100% genuina y pone el debate sobre este argumento acerca de la palabra nazi a la cama de una vez por todas. La carta es auténtica sin lugar dudas"

## LOS ROTHSCHILD, CHABAD Y LA "DESTRUCCIÓN CREATIVA

Por Judería Organizada, me refiero al cártel bancario de los Rothschild, alias el Estado Profundo.

Nuestros corruptos antepasados dieron a estos satanistas la gallina de los huevos de oro: Nuestra tarjeta de crédito nacional.

Crean el *medio de cambio* (moneda) en forma de *deuda con ellos mismos*. Esto es algo que nuestros gobiernos podrían hacer ¡sin deuda y sin intereses!

Al crear dinero de la nada, han comprado a todos y todo lo que tiene valor.

Planean nuestra desaparición con nuestro dinero. Necesitan un gobierno mundial para evitar que cualquier nación escape de esta esclavitud.

Los Rothschild son Frankistas Sabateanos, que son Cabalistas como Chabad. Esta doctrina cabalista se llama "Destrucción Creativa". Después, se "reconstruye mejor". (666)

Según la Cábala, que es la doctrina definitoria del judaísmo y la masonería, "el mal y la catástrofe [son] factores endémicos en el proceso de la creación. Sin mal no podría haber bien, sin destrucción, la creación no podría tener lugar". (*Kabbalah: An Introduction to Jewish Mysticism*, de Byron L. Sherwin, p. 72.)

Esto es una tontería satanista. El mal es la oscuridad, la ausencia de Dios (la luz). El mal y la catástrofe no tienen ningún papel que desempeñar en una religión o una sociedad sanas y cuerdas.

## TRUMP, NETANYAHU Y PUTIN PERTENECEN A CHABAD

Trump ha admitido que es un masón que estudió la Cábala. Constantemente hace signos masónicos con la mano hacia abajo que nadie, ni siquiera los demócratas, se atreven a mencionar.

Tanto Trump como Putin participan activamente en los negocios de Chabad. En 2017, *Politico* reveló este acuerdo "happy go lucky".

> "A partir de 1999, Putin reclutó a dos de sus confidentes más cercanos, los oligarcas Lev Leviev y Roman Abramovich, que llegarían a convertirse en los mayores mecenas de Jabad en todo el mundo, para crear la Federación de Comunidades Judías de Rusia bajo el liderazgo del rabino de Jabad Berel Lazar, que llegaría a ser conocido como "el rabino de Putin".

Unos años más tarde, Trump buscaría proyectos y capital rusos uniendo fuerzas con una sociedad llamada Bayrock-Sapir, dirigida por los emigrantes soviéticos Tevfik Arif, Felix Sater y Tamir Sapir, que mantienen estrechos vínculos con Jabad. Las aventuras de la empresa darían lugar a múltiples demandas por fraude y a una investigación penal de un proyecto de condominios en Manhattan. Mientras tanto, los vínculos entre Trump y Jabad seguían acumulándose".

*https://www.politico.com/magazine/story/2017/04/the-happy-go-lucky-jewish grupo-que-conecta-a-trump-y-putin-215007/*

Los blogueros rusos dicen que la madre de Putin era judía. Su abuelo era el cocinero de Lenin y Stalin. Jabad dirige Rusia entre bastidores.

El rabino jefe, Beryl Lazar, dijo que los vecinos de Jabad prácticamente adoptaron a Putin cuando era niño.

*https://beforeitsnews.com/alternative/2021/05/history-of-putin-kgb-chabad-the mossad-must-watch-video-to-understand-how-well-coordinated-and-organized-these agencies-are-3750647.html*

*https://youtube.com/shorts/oRnKKrznOTQ?si=Fm0sqJsy8X3ma6Nh*

Este judío dice que Jabad controla Rusia. Putin es miembro de Jabad. Jabad y el Mossad se solapan.

*https://x.com/JuniusJuvenalis/status/1869385347580526905*

*https://collive.com/lubavitchers-in-the-israeli-mossad/*

El presidente argentino Javier Milei es pariente de Netanyahu. Durante una visita en noviembre de 2023peregrinó a la tumba de Schneerson, lo que indica que también es miembro de Jabad.

*https://www.breitbart.com/politics/2023/11/27/photos-argentinas-javier-milei-visits the-ohel-gravesite-of-lubavitcher-rebbe-before-meeting-u-s-officials/*

Por cierto, el Che Guevera era primo hermano de Ariel Sharon, otra muestra de que comunismo y sionismo son dos caras de la misma moneda.

*https://henrymakow.com/2016/04/che-guevera-was-jewish.html*

## LA "VERDAD"

El 7 de octubre de 2024, Trump señaló su pertenencia a Jabad en conmemorando el ataque de Hamás contra Israel en la tumba de Menajem Schneerson.

El ataque de Hamás del 7 de octubre de 2023 desencadenó la secuencia de acontecimientos que ahora conducen a la Tercera Guerra Mundial. Este ataque tuvo lugar con la complicidad israelí como pretexto para destruir Gaza. Netanyahu se niega a permitir una investigación.

Se trata del mismo Schneerson que en un vídeo de 1991 instó al joven Benjamin Netanyahu a que se diera prisa en iniciar una guerra nuclear.

Tras intercambiar formalidades, Netanyahu dijo: "Vengo a pedirte tu bendición y tu ayuda. En todos los ámbitos, político y personal.

El Rebe respondió: "Desde la última vez que nos vimos, muchas cosas han progresado. Sin embargo, lo que no ha cambiado es que Moshiach [Mesías] aún no ha llegado. Así que haz algo para apresurar su venida.

Netanyahu; "Estamos haciendo. Estamos haciendo".

Netanyahu se crió en Filadelfia en el seno de una familia satanista Illuminati, es decir, que cría a sus hijos en SRA (abuso ritual satánico) y los somete a "control mental" para crear múltiples personalidades esclavas controlables ("alters").

https://www.henrymakow.com/2023/11/ netanyahu-groomed-satanist.html

Durante este encuentro, el Lubavitcher Rebbe dijo: "él, Benjamin Netanyahu, será el primer ministro de Israel, quien pasará el cetro al Mesías".

Netanyahu ha declarado repetidamente que Israel debería ser "una superpotencia mundial". En enero de 2025 hacía presentaciones en PowerPoint diciendo que Israel es uno de los países más diminutos de la Tierra, pues controla menos del 0,3 por ciento de Oriente Próximo.

https://youtube.com/shorts/Utw8V70A3O4?si=dErSwBcL4XWvZnkH

Le gustaría derrocar a todos los gobiernos e instalar títeres como en Washington.

Ha pedido a los iraníes que pasen por alto sus tendencias genocidas y experimenten la buena vida bajo un títere israelí.

## GENOCIDIO EN UCRANIA

En un artículo de 1994, Mendel Schneerson habló del genocidio eslavo en los mismos términos que Albert Pike habló de la Tercera Guerra Mundial. La guerra será urdida por los masones de ambos bandos para matar a los goyim. Zelensky y Putin son judíos masones.

> "El eslavo, el ruso, puede ser destruido pero nunca conquistado. Por eso esta semilla está sujeta a liquidación y, al principio, a una fuerte reducción de su número."

> "Los ucranianos pensarán que están luchando contra la Rusia

> expansionista y luchando por su independencia. Pensarán que por fin han conseguido su libertad, mientras que se ven totalmente sometidos por nosotros. Lo mismo pensarán los rusos, como si defendieran sus intereses nacionales para recuperar sus tierras, que les fueron "ilegalmente", etcétera."

Parece que las guerras en Ucrania y Gaza están vinculadas por un plan para establecer otra patria judía en Ucrania. Schneerson explica la agresión ucraniana en términos de Jabad.

> "Mirando atrás en la historia, hay que admitir que estas tierras son las antiguas tierras ancestrales de la Khazaria judía, es decir Israel, capturadas por la Rus' de Kyiv (el antiguo estado de Rusia con capital en Kyiv) en el siglo X. Los eslavos son huéspedes temporales en estas tierras y están sujetos a desalojo. Devolveremos este territorio y construiremos la Gran Khazaria -el Estado judío- en estas fértiles tierras del mismo modo que, hace 50 años, creamos Israel, expulsando a los palestinos. Los israelíes se reubicarán parcialmente aquí, expulsaremos al ganado eslavo hacia el norte, más allá de Moscú. Habrá un pequeño Territorio del Norte, una reserva con una población compacta: una reserva, como las reservas indias en Estados Unidos".

*https://henrymakow.com/2024/07/russia-khazaria-ukraine.html*

## LA DESTRUCCIÓN DEL "VIEJO ORDEN"

Estamos bajo el ataque implacable de la judería organizada y la masonería: Guerras gratuitas, plandemias, incendios DEW, chemtrails, migrantes, distrofia de género, huracanes diseñados, bichos comedores - la lista es interminable.

Se impide a los agricultores cultivar alimentos. Se impide a las vacas tirarse pedos. Se vuelan oleoductos. Se aloja a los inmigrantes en hoteles de lujo mientras los ciudadanos se quedan sin hogar. Todo tiene sentido si se comprende que el verdadero propósito es destruir la civilización cristiana.

**En 1915, Nahum Goldman escribió: "La misión histórica de nuestra revolución mundial es reorganizar una nueva cultura de la humanidad que sustituya al sistema social anterior.**

Esta conversión y reorganización de la sociedad global requiere dos pasos esenciales: en primer lugar, la del viejo orden establecido; en segundo lugar, el diseño y la imposición del nuevo orden.

La primera etapa requiere la eliminación de todas las fronteras, la nación y la cultura, las barreras éticas de las políticas públicas y las definiciones sociales, sólo entonces los elementos destruidos del viejo sistema podrán ser sustituidos por los elementos impuestos del sistema de nuestro nuevo orden. **La primera tarea de nuestra revolución mundial es la Destrucción.** Todos los estratos sociales y formaciones sociales creados por la sociedad tradicional deben ser aniquilados, los hombres y mujeres individuales deben ser desarraigados de su entorno ancestral, arrancados de sus medios nativos, no se permitirá que ninguna tradición de ningún tipo permanezca como sacrosanta, las normas sociales tradicionales sólo deben ser vistas como una enfermedad que debe ser erradicada, el dictum gobernante del nuevo orden es; nada es bueno por lo que todo debe ser criticado y abolido, todo lo que fue, debe desaparecer.

En 1915 Nahum Goldman, el Fundador del Congreso Judío Mundial, publicó *La Guerra Alemana: El Espíritu del Militarismo* (en alemán) que dice claramente: "La primera tarea de nuestra revolución mundial es la Destrucción".

Tras la destrucción del viejo orden, la construcción del nuevo es una tarea más grande y más difícil. Habremos arrancado los viejos miembros de sus antiguas raíces en capas profundas, las normas sociales yacerán desorganizadas y anárquicas por lo que deben ser bloqueadas frente a las nuevas formas culturales y categorías sociales que resurgen de forma natural.

Primero se habrá persuadido a las masas en general para que se unan como iguales en la primera tarea de destruir su propia sociedad tradicional y su cultura económica, pero luego el nuevo orden debe establecerse por la fuerza mediante la división y diferenciación de las personas sólo de acuerdo con el nuevo sistema jerárquico piramidal de nuestro nuevo orden mundial monolítico global impuesto. ¿Puede ser más explícito? Nos enfrentamos a un poder oculto. Nos enfrentamos al mal en estado puro.

## LA DESPOBLACIÓN ES UN EUFEMISMO DE GENOCIDIO

En 1974, el Club de Roma, creado por David Rockefeller, declaró: "La Tierra tiene un cáncer y el cáncer es el hombre.

Por supuesto, el verdadero cáncer es David Rockefeller y los de su calaña. Bajo el pretexto de la crisis medioambiental y la superpoblación, los judíos masones pretenden despoblar el planeta.

En 2014, el Informe Deagel predijo un descenso catastrófico de la población en muchos países en 2025. El Dr. Edwin Deagel fue Asistente del Secretario de Defensa y Subsecretario de Defensa. También fue Director de Relaciones Internacionales de la Fundación Rockefeller.

Estados Unidos será un desastre. La población de EEUU caerá un 70%, El PIB se desplomará totalmente un 87%, el ejército desaparecerá un 95%, y la economía se desplomará un 73%. Sí, esas son las predicciones reales de Deagel para los Estados Unidos... Todos estos cientos de millones serán asesinados por hambre, guerra nuclear, plagas, vacunas mortales y scamdemics.

*https://henrymakow.com/2024/09/deagel-grim-prediction.html*

Las Georgia Guidestones fueron voladas en julio de 2022 porque su predicción de población mundial -500.000 habitantes- se estaba convirtiendo en una vergüenza.

> "Lo que está ocurriendo es la despoblación". El infiltrado satanista Aloysius Fozdyke escribió en 2021. "Las cifras fueron dadas por [mi mentor, Frater] Narsagonan, así como nuestros plazos: Reducción de la población en un 70% para 2030. Seguimos utilizando la Magia Paradigmática. Si puedes cambiar o sustituir un paradigma, entonces las cosas cambian en el mundo real.
>
> "Todos los gobiernos cuentan con que su rebaño responda de forma típicamente infantil, incluida la identificación inconsciente con una fuerza más poderosa; aunque ésta les esclavice, embrutezca y humille".
>
> "En cualquier evaluación objetiva, hay demasiados "comedores inútiles", muchos de los cuales están enfermos o son "desechos del fondo de la reserva genética". La población humana mundial está de control. ¡Los juegos han comenzado! Los ancianos y los enfermos crónicos, por ese orden. Después, la economía sacrificará al resto".

*https://www.henrymakow.com/2021/01/Satanists-Aim-at-70-Depopulation-by-2030.html*

En 1993, John Coleman, delator del MI-6, escribió: Al menos 4.000 millones de "comedores inútiles" serán eliminados para el año 2050 mediante guerras limitadas, epidemias organizadas de enfermedades mortales de acción rápida y hambre. La energía, los alimentos y el agua se mantendrán a niveles de subsistencia para los que no pertenezcan a la élite, empezando por las poblaciones blancas de Europa Occidental y Norteamérica y extendiéndose después a otras razas.

La población de Canadá, Europa Occidental y Estados Unidos será diezmada más rápidamente que en otros continentes, hasta que la población mundial alcance un nivel manejable de 1.000 millones, de los cuales 500 millones estarán formados por las razas china y japonesa, seleccionadas porque son personas que han estado regimentadas durante siglos y que están acostumbradas a obedecer a la autoridad sin rechistar.

El 1% posee el 95% de la riqueza mundial. Esto es "insostenible" hasta que consigan el último 5%.

> "Las masas no elitistas serán reducidas al nivel y comportamiento de animales controlados sin voluntad propia y fácilmente regimentables y controlables. El matrimonio será proscrito y no habrá vida familiar tal como la conocemos. Los niños serán separados de sus padres a una edad temprana y criados por pupilos como propiedad del Estado."

*https://www.henrymakow.com/2021/06/john-coleman-4-billion-useless-eaters.html*

## LOS JUDÍOS HAN GENOCIDADO A LOS CRISTIANOS A LO LARGO DE LA HISTORIA

La persecución y destrucción de los cristianos blancos por parte de los judíos no es algo reciente, sino que se remonta muy atrás en la historia. En el número de abril de 1921 de la *revista Hebrew Christian Alliance Quarterly*, el reverendo M. Malbert afirmó:

> "Voy a demostrar que la verdadera persecución religiosa es únicamente judía... En tiempos de Justiniano, en el siglo VI, los judíos masacraron a los cristianos en Cesarea y destruyeron sus iglesias. Cuando Estéfanos, el gobernador, intentó defender a los cristianos, los judíos cayeron sobre él y lo mataron.
>
> "En el año 608 d.C., los judíos de Antioquía cayeron sobre sus vecinos cristianos y los mataron a sangre y fuego.
>
> Hacia el 614 d.C., los persas avanzaron sobre Palestina y los judíos, tras unirse a su estandarte, masacraron a los cristianos y destruyeron sus iglesias. Noventa mil cristianos perecieron sólo en Jerusalén.

Añada la siguiente lista de asesinatos judíos en masa de cristianos:

Sesenta millones asesinados por el "Terror Rojo" bolchevique. Cerca de siete millones de ucranianos murieron de hambre en el Holomodor.

Una décima parte de la población de España fue asesinada por judíos comunistas en la Guerra Civil española.

"Su purificación consistió principalmente en masacres de sacerdotes, monjas, niños de coro, mujeres y niños". Al menos 200.000 civiles murieron en los bombardeos de Hamburgo y Dresde en 1945.

Al menos 200.000 civiles murieron en los bombardeos de Hamburgo y Dresde en 1945. Judíos comunistas masacraron a 15.000 oficiales polacos en el bosque de Katyn en 1940.

Charles Weisman escribe,

> "Los judíos se deleitaron especialmente con la muerte de millones de refugiados cristianos después de la Guerra, (WW2) ya que la forma de su muerte cumplía con la doctrina más preciada del odio judío hacia todos los cristianos - que los no judíos, al ser considerados como no humanos o ganado según el término judío "goyim", no deben ser enterrados.
>
> "Esto es una violación de la ley judía, que prohíbe enterrar "animales". Estos millones de refugiados cristianos yacen donde cayeron durante estas terribles expulsiones comunistas rojas, y nunca recibieron un entierro cristiano."(106)

El Plan Morgenthau pretendía despojar a la Alemania de posguerra de su industria y convertirla en un país agrícola. Esto equivale a un genocidio, ya que Alemania no podría mantener a su población.

> "Más de 400 millones de blancos han sido borrados de la faz de la tierra en los últimos 300 años por los judíos. (Weisman, p. 113)
>
> Además, consideremos los cerca de 65 millones de personas masacradas por Mao Zedong.
>
> Charles Weisman identifica a los judíos con Esaú y a los cristianos con Jacob. Al final, Jacob sale victorioso.

Charles Weisman, *¿Quién es Esaú-Edom?* (1991

## GRANJA DE HORMIGAS ROTHSCHILD

En *La dinastía Rothschild* (2006)[3] John Coleman despeja la maleza de la historia moderna

Desde aproximadamente 1820, Europa y el mundo han sido controlados por la satánica familia supremacista judía Rothschild

Todos los lideres importantes han sido esquejes de Rothschild incluyendo Bismarck, Metternich, D'Israeli, Churchill, Hitler, Stalin, FDR, [y todos los presidentes de EEUU] etc. Todos ellos fueron comprados y chantajeados. Putin y Trump no son excepciones

En *Los judíos y el capitalismo moderno*, (1911) el profesor Werner Sombart escribió:

> "El período de 1820 en adelante se convirtió en la era de los Rothschild, de modo que a mediados de siglo era un dictum común, sólo hay un poder en Europa, y es el de los Rothschild". (Coleman, p.40

Financiaron y se beneficiaron de todas las grandes guerras, incluidas la Revolución Americana, la Revolución Francesa, la Guerra Civil estadounidense, la Revolución Rusa y las dos Guerras Mundiales

explica Coleman:

> "La Primera Guerra Mundial se libró para establecer el bolchevismo en Rusia; para establecer un "hogar para los judíos en Palestina", para destruir la iglesia católica y para desmembrar Europa".
>
> "La Segunda Guerra Mundial luchó para destruir a Japón y Alemania, para establecer a la URSS como potencia mundial comunista y para extender el alcance del bolchevismo a tres cuartas partes del mundo.

A raíz de ello, Estados Unidos fue inducido a unirse al siguiente intento de gobierno mundial único, las Naciones Unidas

> "La Segunda Guerra Mundial cambió la composición de los Estados Unidos, que se vieron obligados por su gran contingente de (((Socialistas Internacionales))) en posiciones de poder a despojarse de su Constitución y su forma republicana de gobierno, y asumir el papel del nuevo Imperio Romano del mundo. En pocas palabras, los EE.UU.

---

[3] *La dinastía Rothschild*, Omnia Veritas Ltd, www.omnia-veritas.com.

se convirtieron en una potencia imperial para conquistar el mundo en nombre del socialismo internacional (es decir, el comunismo.) Detrás de estos poderosos cambios estaban el dinero, el poder y la mano guiadora de los Rothschild."

## LOS SATANISTAS GENTILES ELUDEN SU RESPONSABILIDAD CULPANDO A TODOS LOS JUDÍOS

En 2024, E. Michael Jones tuiteó una petición para "romper el tabú judío" y responsabilizar a todos los judíos del agujero de mierda en que se ha convertido Occidente

Respondí en X:

> "Los judíos asimilados van a ser los chivos expiatorios de las acciones de los sionistas y los judíos comunistas.. La culpa de las calamidades venideras recaerá sobre todos los judíos, independientemente de sus acciones o puntos de vista individuales. Las personas con agravios son las primeras en victimizar a otras personas inocentes."

La gente respondía diciendo que por qué los judíos no llamaban la atención a otros judíos. ¿Qué crees que estoy haciendo? ¿Y Henry Klein? ¿Myron Fagan? ¿Benjamin Freedman? ¿Norman Finkelstein? ¿Nathaniel Kapner?

La razón por la que más judíos no hablan es porque tienen miedo. El judaísmo es un culto satánico que condena al ostracismo y persigue a los disidentes. Pero el judaísmo organizado habría sido impotente sin la colaboración de los oportunistas y traidores masones gentiles

Alejémonos un momento. Mientras se culpa a los judíos, hay 30 sionistas cristianos por cada sionista judío. Esta es la base de poder de Trump. Estos cristianos creen que el apocalipsis traerá de vuelta a Cristo, y serán "raptados" - sacados de la tierra para morar en el cielo

*https://www.bibleref.com/1-Corinthians/15/1-Corinthians-15-51.html*

Parece que la geoingeniería meteorológica -huracanes, incendios DEW, tornados, inundaciones- está diseñada para simular el Fin de los Tiempos

> Se levantará nación contra nación, y reino contra reino. Habrá hambrunas y terremotos en varios lugares. Todo esto es el comienzo de los dolores de parto. (Mateo 24-7)

¿Por qué los goyim dieron a estos judíos su tarjeta de crédito nacional? ¿Y por qué su oposición a la hegemonía judía masónica ha sido tan ineficaz?

Los antiguos alumnos de Skull and Bones llevan más de un siglo gobernando EE UU. Fundado en 1832, el Skull and Bones de Yale no admitió judíos hasta la década de 1950. Lo que sigue se basa en una investigación de Eric Dubay.

*https://henrymakow.com/2024/08/skull-and-bones---gentiles-eva.html*

> "Durante la Segunda Guerra Mundial los miembros de Skull and Bones estaban simultáneamente en la Casa Blanca y financiando a Hitler. El masón de grado 33/Presidente Harry Truman y Skull and Bones/Secretario de Guerra Henry Stimson controlaban los EE.UU. mientras una docena de otros Bonesmen financiaban al miembro de la sociedad secreta Thule Adolf Hitler a través de Union Bank, Guaranty Trust y Brown Bros. Harriman Company."

Por ejemplo, los presidentes estadounidenses William H. Taft, George Herbert Walker Bush y George Walker Bush fueron tres miembros de Skull and Bones. Los siguientes senadores estadounidenses: Prescott Bush, John Kerry, David Boren, Jonathan Bingham, John Chaffe, John Sherman Cooper, James Buckley, Chauncey Depew, Frank Bosworth Brandegee, Robert A. Taft, William Maxwell Evarts y John Heinz fueron todos miembros de Skull and Bones.

Fundador *del National Review* y presentador del programa de televisión *Firing Line*, William F. Buckley era un Bonesman, al igual que Henry Luce, fundador de las revistas TIME, Life, Fortune, House & Home y Sports Illustrated.

Henry Stimson, de la promoción Skull and Bones de 1888, fue Secretario de Guerra del Presidente Taft (1911-13), Secretario de Estado de Herbert Hoover (1929-1933) y Secretario de Guerra de Harry Truman (1940-45).

Esto significa que durante la Segunda Guerra Mundial miembros de Skull and Bones estuvieron simultáneamente en la Casa Blanca y financiando a Hitler." Está claro que los Illuminati se definen por el satanismo (masonería, cabalismo) y no por la etnia.

## ATRAPADO EN UN SOLIPSISMO JUDÍO

*Retratar una falsedad como una verdad es suficiente para que lo sea* es la línea de fondo de la cosmología de la Cábala.

El genocidio no es genocidio si "tienes derecho a defenderte.

En otras palabras, la percepción es más importante que la realidad. Los cabalistas tienen licencia para mentir y engañar.

La actualidad se inventa de la misma manera que se escribe el guión de una película. Se imaginan. Estos "escenarios" se convierten en "simulaciones" que se convierten en "realidad". El guión también se llama "modelización".

Recientemente CBS *Sixty Minutes* preguntó a un operativo del Mossad cómo convencieron a Hamás para que comprara localizadores con trampas explosivas. Él respondió:

> "Creamos empresas fantasma sobre empresas fantasma y no hay forma de hasta Israel. Creamos un mundo de mentira. Somos una productora mundial. Escribimos el guión. Somos los directores. Somos los productores. Somos los actores principales. El mundo es nuestro escenario".

*https://x.com/Osint613/status/1871108928810918050*

En palabras de Klaus Schwab,

> "La pandemia representa una rara pero estrecha ventana de oportunidad para reflexionar, reimaginar y resetear nuestro mundo".

Exactamente.

> "Nunca hubo nada de salud pública. Fue chantaje con el fin de infundir terror para adaptar los comportamientos de las poblaciones. Y punto. Eso es todo lo que fue. Eso es lo que siempre fue". (Dr. David Martin a la Parlamento de la UE en Estrasburgo. 13 de septiembre de 2023)

El satanismo destruye a sus adeptos. Nos hemos dejado engañar, socavar y corromper. Ahora estamos pagando el precio. Jacques Attali, uno de los Illuminati, lo dijo mejor que nadie: la historia no es *más que el pensamiento de los más fuertes.*

## LA MEJOR ESTAFA QUE EL DINERO PUEDE COMPRAR

Tú estabas allí. Nos quitaron la máscara. Nos arrebataron la libertad con el falso pretexto de una "emergencia sanitaria". Esta "emergencia" era la gripe estacional rebautizada. El gobierno, la medicina, los medios de comunicación, la iglesia, las fuerzas del orden, todos hicieron cumplir este engaño.

Los judíos masones y los masones han masticado todas nuestras instituciones sociales como termitas. Con nuestras pretensiones de "derechos humanos", nos convertimos de la noche a la mañana en un estado policial comunista. Se levantaron muros de plexiglás, se impuso el distanciamiento social sin sentido y las máscaras. Se encerró a la gente en sus casas. Se les detenía y golpeaba por no llevar máscara o por sentarse en un banco del parque o en la playa. En los hospitales se utilizaban ventiladores para matar a los pacientes. Se impedía a los niños visitar a sus padres moribundos.

Millones de personas han perdido la vida o han sido mutiladas y, sin embargo, los principales medios de comunicación guardan silencio y ponen excusas.

En octubre de 2019, los perpetradores del FEM ensayaron esta operación psicológica en algo llamado "Evento 201". Se prohibieron medicamentos como la ivermectina y la hidroxicloroquina para justificar la "designación de emergencia" de la terapia génica disfrazada de vacuna.

Una pandemia con una tasa de mortalidad del 0,25% no es una pandemia. Una enfermedad sin síntomas no es una enfermedad. Florida, Suecia y Noruega se abrieron sin consecuencias y demostraron que COVID era un engaño.

Pero todo el mundo seguía el juego. Se enriquecían o cobraban por no hacer nada.

Las empresas caían como moscas, pero los propietarios fueron indemnizados. Así que no hubo la revuelta que debería haber habido. La gente estaba cegada ante los peligros por el dinero gratis. A menudo, había rosquillas.

Incluso los multimillonarios recibieron cheques federales de estímulo. Medicare pagaba a los hospitales estadounidenses entre 13.000 y 50.000 dólares por un ingreso en un centro de convalecencia. Otros 39.000 dólares si el paciente es conectado a un respirador artificial y otros 13.000 después de que lo maten. No es de extrañar que las familias acusen a los hospitales de asesinar a sus parientes.

Pfizer obtuvo 100.000 millones de dólares de ingresos y 30.000 millones de beneficios en 2022.

Fue una repetición de la crisis crediticia de 2007-8. Estaban robando de nuevo al tesoro estadounidense.

EE.UU. ha gastado 6 billones de dólares en la respuesta a los cóvidos.

Pero para que no se note, compraron los medios de comunicación. Bill Gates donó 319 millones de dólares a de comunicación, incluidos 13,6 millones de dólares a la prestigiosa revista médica The *Lancet*. Literalmente compraron a todo el mundo. Justin Trudeau dio 600 millones de dólares a determinados medios de comunicación canadienses

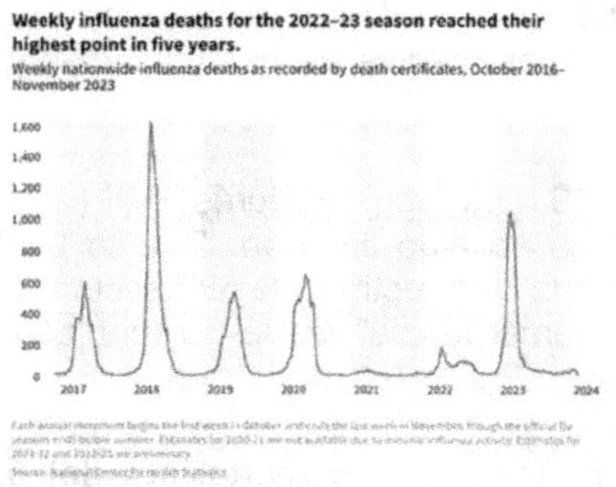


La gripe estacional prácticamente desapareció.

El gasto en COVID y Ucrania ha causado inflación y destruido el dólar estadounidense. Esto ha creado una burbuja bursátil y una miríada de cripto NFT (tokens no fungibles) a la espera de estrellarse.

## YA TENEMOS UN GOBIERNO MUNDIAL DE FACTO

La "pandemia" reveló que nuestros políticos, periodistas, médicos, educadores, policías, agencias de inteligencia y militares sirven al cártel bancario de Rothschild y no a los ciudadanos que pagan sus salarios.

Más de 190 gobiernos hicieron frente a la epidemia de COVID-19 de forma idéntica, con cierres patronales, distanciamiento social, mandatos de enmascaramiento y pasaportes de vacunación por doquier.

La uniformidad mundial de las medidas pandémicas revela que ya existe un gobierno mundial comunista basado en la ONU. La Organización Mundial de la Salud (OMS) es una agencia de la ONU.

Todos los países bailan al son de la OMS porque todos dependen de los Rothschild para su crédito y su moneda.

La pandemia fue una excusa para imponer un cambio social y político comunista no democrático de acuerdo con la Agenda 2030 de la ONU.

La razón por la que todo el mundo está en coma puede ser que en agosto de 2024, casi 2/3 de la población mundial ha sido completamente vacunada. Nunca olvidemos esta pesadilla.

París prohíbe hacer ejercicio al aire libre durante el día. Las tiendas acordonan los pasillos con artículos considerados "no esenciales". Entre ellos figuran juguetes, artículos de ocio, de belleza y equipamiento deportivo.

Un Director de la OMS dice que la policía puede irrumpir en sus casas y llevarse a quien considere infectados. Cuomo insta a la policía de Nueva York a ser "más agresiva" a la hora de disolver funerales, grandes reuniones y personas que "juegan al frisbee en el parque", al tiempo que eleva las multas a 1.000 dólares para quienes incumplan las normas de distanciamiento social. Los drones advierten a los viandantes de que se mantengan a dos metros de distancia.

En Santa Mónica, un surfista solitario es conducido esposado. En Pensilvania, una joven es multada con 200 dólares por salir a dar una vuelta en coche, infringiendo la orden del gobernador de "quedarse en casa".

Se cancelan los servicios religiosos. Se crean líneas directas para que la gente delate a sus vecinos.

En Colorado, un padre es esposado por jugar al softball con su hija en un parque. Un funcionario de salud de Trump describió COVID como una "mala temporada de gripe.

A un médico de Alberta le dieron quince minutos para abandonar el hospital tras recetarle Ivermectina, que resultó eficaz.

El coronavirus atacó selectivamente a países y estados gobernados por comunistas (Alemania, Francia, Austria, Australia, California, Nueva

York) en comparación con los gobernados por sionistas (Hungría, Florida, Texas.) Por alguna razón pasó por alto a Suecia y Noruega. Los presidentes que rechazan la vacunación masiva fueron asesinados. (Tanzania, Haití.)

Los empleados de la Casa Blanca, los CDC, la FDA, la OMS y las grandes farmacéuticas estaban exentos de la vacunación obligatoria. También lo estaban muchos trabajadores sanitarios y miembros de la UAW.

El alcance total de los daños aún se está desarrollando y se suprime.

El cambio climático es otro pretexto endeble de los multimillonarios para acaparar los recursos del mundo asesinándonos. En la Cumbre de la Tierra celebrada en Río en 1992, casi 200 países de todo el mundo acordaron privar de derechos a sus ciudadanos y unirse a la psy op del cambio climático.

*La primera revolución mundial: Un informe para el Club de Roma* (1991), dice así,

> "un nuevo enemigo que nos uniera, se nos ocurrió que la contaminación, la amenaza del calentamiento global, la escasez de agua, la hambruna y otros peligros similares encajarían a la perfección. Todos estos peligros están causados por la intervención humana, y sólo pueden superarse mediante un cambio de actitudes y comportamientos. El verdadero enemigo es, pues, la propia humanidad".

*https://altamontenterprise.com/09252019/elitists-have-created-myth-climate cambiar-eliminar-soberania-nacional*

Humanidad = No satanistas.

## COMUNISMO

La imagen popular del comunismo como defensor de los pobres es una tontería. El comunismo fue financiado por el cártel de los Rothschild para destruir a sus rivales. Karl Marx dijo que el objetivo del es "la abolición de la propiedad privada", la tuya, no la de ellos.

El comunismo es la extensión del monopolio crediticio de los Rothschild a un monopolio sobre literalmente todo: poder, riqueza, pensamiento, comportamiento.

En 1938, el infiltrado Illuminati Christian Rakovsky dijo a su interrogador de la NKVD que los banqueros centrales crearon el Estado comunista como una "máquina de poder total" sin precedentes en la historia.

Rakovsky, cuyo verdadero nombre era Chaim Rakover, había sido condenado a muerte en la purga de Stalin de la facción trotskista del partido.

**"Imagínese, si puede, a un pequeño número de personas que tienen un poder ilimitado gracias a la posesión de riqueza real, y verá que son los dictadores absolutos de la bolsa y de la [economía]... Si tiene suficiente imaginación entonces... verá [su] influencia anárquica, moral y social, decir, revolucionaria... ¿Lo entiende ahora?".**

**"...Crearon el dinero crediticio con el fin de que su volumen fuera casi infinito. Y para darle la velocidad del sonido.... es una abstracción, un ser de pensamiento, una cifra, número, crédito, fe**

**En el pasado, "siempre hubo espacio para la libertad individual". ¿Comprendes que los que ya dominan parcialmente las naciones y los gobiernos mundanos tienen pretensiones de dominación absoluta? Comprended que esto es lo único que aún no han alcanzado.**

(Des Griffin, *El cuarto Reich de los ricos,* pp.245-246)

Deben proteger su monopolio crediticio creando un "gobierno mundial" que impida a cualquier país emitir su propio crédito (dinero) o repudiar su "deuda".

En *Behind the Green Mask* (2011)[4] Rosa Koire dijo que Agenda 21 es "el anteproyecto, el plan de acción, para inventariar y controlar toda la tierra, toda el agua, todos los minerales, todas las plantas, todos los animales, toda la construcción, todos los medios de producción, toda la educación, toda la energía, toda la información y todas las necesidades humanas del mundo. Es un plan integral".

---

[4] *Tras la máscara verde,* Omnia Veritas Ltd, www.omnia-veritas.com

## CONCLUSIÓN

Espero que este libro despierte a más gente del peligro que corremos. Esta es la culminación de un siniestro complot de siglos de antigüedad. Los fanáticos religiosos están a punto volar el mundo para cumplir las demenciales profecías bíblicas del Fin de los Tiempos. Quiero equivocarme.

Trump, Netanyahu y Putin pertenecen todos a Jabad, un culto racista supremacista judío que utiliza agentes en ambos bandos para provocar un apocalipsis nuclear. Admiten su intención malévola, pero nos han lavado el cerebro en para que rechacemos el "antisemitismo" y no podemos creerlo.

*2009- La gripe porcina mata a 10.000 estadounidenses y enferma a 50 millones. No hay pandemia. No hay bloqueo.*

Tenemos que empezar a escuchar nuestra alma y nuestro sentido común. Necesitamos una religión viva. Necesitamos vivir nuestra religión.

Los satanistas pueden poseer los órganos del engaño masivo, pero la Realidad no puede ser anulada. Nuestra salvación reside en un renacimiento religioso en el que la gente redescubra y manifieste su Divinidad

Dios es la Realidad y el intento de negarlo resultará en catástrofe.

# Libro Uno

## Jabad, satanismo judío, masonería

# Desertor de Jabad: El racismo judío detrás del genocidio blanco y la Tercera Guerra Mundial

**Ex Jabadnik: "Jabad es una organización racista - un culto misionero supremacista judío cuyo principal objetivo es la superioridad total judía sobre los "Goyim" y su esclavización."**

**"Espero que los europeos blancos y los que están en contra del genocidio blanco entiendan que la razón por la que la raza blanca está siendo atacada hoy es la de la única ideología racista por excelencia del planeta: El judaísmo".**

**por Defector**

**El racismo judío es la creencia de que los judíos tienen un** alma **superior a la de** los no judíos y que los no judíos tienen almas satánicas. Esto significa que todos los judíos religiosos independientemente de su color y país de origen miran a los no judíos como "inferiores" simplemente porque tienen almas satánicas.

Esta es mi experiencia y comprensión de la religión judía en general y de un culto racista "Jabad" en particular.

Trump & Nazis & Chabad - las mismas manos cruzadas

Todo empezó a los 20 años. Por aquel entonces era judío religioso, pero no formaba parte de Jabad. En 2005, de visita en Nueva York, conocí a un emisario de Jabad que me había introducido en el movimiento. Me preguntó si podía visitar el "770" en Brooklyn, Nueva York. Así lo hice. Participé en sus rituales y reuniones, y en los cuatro años siguientes me convertí en una fanática seguidora de Jabad.

Solíamos discutir la venida del Mesías judío y el mundo futuro tal como imaginan Jabad y la religión judía - un mundo donde los judíos son los amos supremos de la Tierra donde cada judío individual tiene hasta 2.800 esclavos gentiles, un mundo, donde el único propósito de los no judíos es SERVIR a los judíos. Por otro lado, los judíos son considerados como la "Sede de Dios".

## ¿QUÉ Y QUIÉN ES CHABAD?

Jabad es una organización racista - un culto misionero supremacista judío cuyo principal objetivo es la superioridad total judía sobre los "Goyim" y su esclavización.

Su mandamiento central es cumplir el mandamiento "Romper el cerco", es decir, hacer que el mundo sea seguro para la dominación mundial sionista.

Jabad entrena a sus jóvenes para que sean emisarios cuando crezcan. Ser un "emisario" en términos de Jabad significa difundir su ideología racista a los judíos de todo el mundo, especialmente a los que no practican el judaísmo. Dan apoyo ideológico y moral a la Agenda Sionista Globalista.

Ellos ven la esclavitud de los "Goyim" a traves de los bancos judíos internacionales y la politica internacional como sirviendo a sus profecias mesianicas - un mundo futuro donde el NWO judio controla todas las naciones del mundo.

Bajo su líder, el rabino Menajem Mendel Schneerson (1902-1994), el movimiento estableció una red de unas 5.000 instituciones que prestan apoyo religioso, social e ideológico a judíos de más de 1.000 ciudades, repartidas por 100 países, incluidos todos los estados de Estados Unidos.

## LOS JUDÍOS SON DIOS. LOS GENTILES SON INSECTOS CUYO UNICO PROPOSITO ES SERVIR A LOS JUDÍOS O MORIR

Según Jabad, los judíos mismos son "Dios". La usura es permitida y alentada contra los no-judíos (Este es el motivo de los banqueros del NWO.) El libro del movimiento de Chabad "El Tania" es todo acerca de los judíos siendo Dios en la Tierra y los no-judíos como no mas que animales - inferiores sin alma. Si tienen almas, son demoníacas y satánicas y se originan en el "Klipot A'thmeot" es decir, las esferas impías o el "Sitrha Achra.

Los gentiles son animales sin alma a sus ojos. El "alma judía" es Dios encarnado. Cada judío es un "Dios" en carne.

El universo entero incluyendo los trillones de galaxias, estrellas y planetas fueron creados exclusivamente para los Judíos y por el Dios judio YHVH que es en realidad una manifestacion del propio pueblo judio. Una uña de un judio vale mas que toda la poblacion mundial no judia (Eso incluye europeos, musulmanes, asiáticos y africanos) de acuerdo a Jabad.

## LA AGENDA DE LA ONU

Jabad no es más que una manifestación del racismo judío que alimenta la agenda del NOM. El fundador de Israel y ex primer ministro David Ben Gurion imaginó a los judíos como el centro del Gobierno Mundial Único. Esto sera el cumplimiento de las promesas de la Biblia donde los judíos seran los controladores y gobernantes de todas las naciones.

El Tribunal Supremo de Jerusalén, con la pirámide de los Illuminati y la marca del "Ojo que todo lo ve", se construyó para apoyar esta agenda, tal como la imaginó Ben Gurion: "En Jerusalén, las Naciones Unidas (unas Naciones verdaderamente Unidas) construirán un santuario de los profetas para servir a la unión federada de todos los continentes; ésta será la sede del Tribunal Supremo de la Humanidad, para dirimir todas las controversias entre los continentes federados, como profetizó Isaías..."

¿Adivina quién financió y construyó el "Tribunal Supremo" israelí? Los controladores de los bancos mundiales, es decir, ¡los Rothschild, por supuesto! La agenda racista y supremacista judía está descaradamente a la vista... Es simplemente una cuestión de 2+2=4.

La Cábala y el Satanismo son un medio para debilitar a sus naciones anfitrionas para que ellos puedan controlar más fácilmente estas naciones degradándolas. Así es como mantienen su monopolio del dinero: desintegrando la raza, la nación, la familia (heterosexualidad) y la creencia en un propósito espiritual superior para la vida (es decir, Dios, ¡no la religión!). Por lo tanto, nos volvemos más materialistas y menos espirituales (mira el "arte" moderno, por ejemplo) y entonces somos más fácilmente controlados y esclavizados por ellos, ya que las personas sin sentido en la vida no se resisten. Este es el Ojo de Sauron. El ojo que todo lo ve. "Un anillo para gobernarlos a todos".

**Ese *Tikun Olam*, 'redención', o restaurar/reparar el mundo, como piensan los gentiles, es en realidad genocidio.** Lo mismo se aplica a su Mesías (Moshiach Ben David) que ha de llegar y completar la matanza del resto de la humanidad y entrar en el Tercer Templo que ha de construirse. EE.UU., el gran aliado de Israel y del pueblo judio, no se salva de la destruccion, sino que es especialmente apuntado para la aniquilacion - tal es el nivel de su odio y engaño hacia las naciones cristianas y pobladas de europeos.

## POR QUÉ DEJÉ ATRÁS CHABAD Y EL JUDAÍSMO

Dejé Jabad desde que tuve una experiencia que me hizo sentir que este odio no viene de Dios sino del ego y los miedos del hombre.

Espero que los europeos blancos y los que están en contra del genocidio blanco entiendan que la razón por la que la raza blanca está siendo atacada hoy en día es la de la única ideología racista por excelencia en el planeta: El judaísmo.

# El satanismo no tiene nada de chic

**La promoción "woke" de las "vacunas", Ucrania, la homosexualidad, el travestismo, la TRC, el "cambio climático" no tiene nada que ver con los derechos humanos, o no pisotearía los derechos humanos de las personas sanas. Es un pretexto endeble para la destrucción de la civilización occidental cristiana, la despoblación y la imposición de un Nuevo Orden Mundial comunista dedicado a servir a Satanás.**

*Los "progresistas" son satanistas conscientes e inconscientes*

El satanismo es la guerra contra Dios, es decir, contra el Orden Moral y Natural. Niega y deshace ambos. Destroza el tejido social.

El satanismo *no* es una religión. La religión discierne y obedece la Voluntad de Dios. El satanismo es una anti-religión. Es anti-vida. Su dios es la Muerte. Es la religión de la Muerte y la Destrucción.

> "Cuando introdujimos en el organismo del Estado el veneno del liberalismo, toda su complexión política sufrió un cambio. Los Estados se han contagiado de una enfermedad mortal: el envenenamiento de la sangre. Todo lo que queda es esperar el final de su agonía". (*Protocolos de Sion*, 9)

> "Para que el verdadero significado de las cosas no golpee a los gentiles antes de tiempolo enmascararemos bajo el supuesto ardiente deseo de

servir a las clases trabajadoras..." (*Protocolos de Sion*, 6)

Los ateos y agnósticos son satanistas. La Creación es un Milagro. Si niegas el Diseño y Propósito del Creador, eres un Satanista. La única manera en que la humanidad tendrá su cita con Dios es que todos le sirvamos viviendo moralmente y haciendo Su trabajo, como lo vemos.

> Apocalipsis 12:9 "...la serpiente antigua, que se llama Diablo y Satanás, el cual engaña al mundo entero".

1. Se llaman a sí mismos "progresistas". Los satanistas lo invierten todo. Defienden todo lo enfermo y disfuncional. En realidad son "regresivos".

A pesar de sus pretensiones morales, para ellos el "progreso" es la degradación y la destrucción del prójimo.

2. El hombre está conectado a Dios a través de su alma. Si le quitas a Dios, el hombre se tambalea como un pez fuera del agua.

Buscando llenar el vacío, idealiza cualquier cosa porque su conexión con Dios se ha cortado.

*Quita a Dios y el hombre creará falsos dioses*, decía Carl Jung.

Véase la absurda idealización de la mujer, el sexo y el romance, la literatura y el arte; los "grandes hombres", los políticos, los famosos, etc.

Debido a su hambre de Dios, puedes venderle *cualquier cosa* como sustituto. Se imagina que está consiguiendo a Dios.

3. *Fuimos programados por Dios.* La verdadera religión es simplemente *seguir el programa, es decir, obedecer a Dios.* Dios es el programa. Los satanistas nos desordenan para que no podamos escuchar a Dios hablándonos.

4. Aunque nos han lavado el cerebro para negar a Dios, en realidad estamos enamorados de Dios, la libertad y la dicha que anhelan nuestras almas.

Dios es la Realidad. La Única Realidad.

El Dios del satanismo es la muerte, la destrucción y el sufrimiento.

5. Asistimos a una lucha cósmica entre el Bien y el Mal, y lamento decir que el Mal está al mando y cerca de la victoria.

6. Estamos siendo inducidos al cabalismo en el nivel más bajo. Los cultos satánicos explotan y controlan a sus miembros haciéndolos enfermos, corruptos y pervertidos. Enfermos como en la disforia de género, la adicción al sexo, la promiscuidad, la pornografía, la pedofilia, el incesto, las "vacunas", la guerra sin fin... Han socavado lo más maravilloso y esencial de la vida, el amor entre hombre y mujer, y padres e hijos. La familia nuclear es el glóbulo rojo de la sociedad. Estos desalmados están decididos a matarla.

Tengo 75 años y sólo viviré una o dos décadas más. Pero tiemblo al pensar en lo que le espera a la humanidad.

Es hora de reconocer nuestra grave situación. Un cáncer mortal infecta todas las instituciones sociales. Hay que reconocerlo y abordarlo.

¿Se irá la civilización occidental a la tumba por culpa de nuestra irresponsabilidad, cobardía e ingenuidad?

El éxito en prácticamente todas las empresas (gobierno, negocios, entretenimiento, etc.) requiere ser miembro de un culto satánico (masonería).

> "Hemos regulado todo en sus vidas como lo hacen los padres sabios que desean formar a los hijos en la causa del deber y la sumisión. Porque los pueblos del mundo en lo que respecta a los secretos de nuestra política son siempre ... sólo niños menores de edad, precisamente como lo son también sus gobiernos." *Protocolos de Sion* 15:20

## Altiyan Childs: La humanidad es rehén de un culto satánico (masonería)

En un vídeo de cinco horas, aquí:

https://www.youtube.com/watch?v=7Eeo-82Eac8

La estrella de rock australiana Altiyan Childs, de 45 años, ha roto sus votos masónicos y ha arriesgado su vida para demostrar sin lugar a dudas que la masonería es satanismo y que los masones controlan el mundo.

Merkel recibe un premio de sus manipuladores judíos masones

Se trata de una prueba de realidad esencial.

veinte años advirtiendo a la gente sobre la masonería, pero todavía me sorprende ver mi advertencia confirmada a fondo por Altiyan Childs

Se dedica más de una hora a mostrar cómo prácticamente todos los políticos y artistas son masones. Declaran con orgullo su lealtad a Satanás haciendo los clásicos signos masónicos de reconocimiento: tuerto cubierto; la mano oculta, el signo de

Baphomet y el signo de la mano triangular

La masonería es el instrumento del cártel cabalista de la banca central judía. Literalmente debes unirte para tener éxito en el ámbito público: política, entretenimiento, negocios, religión, ejército, educación, medios de comunicación. Esta red secreta de adoradores del diablo, oportunistas y traidores es cómo sacan el engaño covid y la despoblación mundial, la desposesión y la esclavitud, es decir, la Agenda 2030 de la ONU

"Somos los dueños del planeta. Os desalojamos".

Si duda de que somos juguetes de psicópatas, le insto a que vea este vídeo.

He aquí algunos aspectos destacados:

- La masonería es un culto al sexo. Rinde culto al acto sexual. El delantal masónico cubre los genitales. Celebra y trata de normalizar el libertinaje, la pedofilia, la sodomía, el incesto y la zoofilia. El emblema masónico - escuadra y compás - simboliza el acto sexual. (También lo hace la "estrella de David").

- La masonería y la brujería son prácticamente idénticas. Tom Brady es masón. Su esposa una bruja. Hillary Clinton es una bruja.

- En los rituales masónicos, animales y niños pueden ser sacrificados y su sangre consumida. Ocho millones de niños desaparecen anualmente en todo el mundo. (3.19)

- FDR, Hitler, Stalin y Churchill eran masones. El Dalai Lama, Alex Jones y David Icke son masones. (4.15)

- La literatura masónica profetiza que "el mundo entero debe ser bañado en sangre". (4.20)

- Las Leyes Noájidas, que han sido firmadas de nuevo cada año por los presidentes estadounidenses, estipulan que el culto a Cristo es una blasfemia y que los blasfemos serán decapitados. Un masón, Joseph Ignace Guillotin, (1738-1814) diseñó la guillotina. El fabricante de perfumes Chanel fabricado una "guillotina inteligente.

- Todas las funerarias están dirigidas por masones.

- Odian a Jesús por encima de todas las cosas porque Jesús representa la verdad que intentan enterrar para siempre. Jesús es todopoderoso y los derrotará.

Altiyan Childs se convirtió al cristianismo tras escapar por poco de la muerte en un accidente de tráfico. Fuimos criados bajo la dispensación Cristiana donde la sociedad estaba dedicada al bienestar y realización de sus miembros. Hemos entrado en el Nuevo Orden Mundial Cabalista donde la sociedad se dedica a cumplir las fantasías trastornadas de sus miembros más ricos y malvados.

**PRIMER COMENTARIO DE DD:**

Esto es cierto y correcto, Henry. Mi padre fue masón durante algo más de 50 años; ni siquiera revelan nada a su propia familia. No están casados con nosotros. Están vendidos al "oficio". ¿Cómo me enteré de su agenda? Años de investigar como Atliyan.

He mirado el vídeo y da en el clavo. Mi madre era Estrella del Este; todo secreto. Crecí sin entender a ninguna de ellas. Me hice cristiana y seguí adelante. Espero que todos sus lectores se tomen el tiempo de ver este video.

**MIKE STONE ESCRIBE:**

Nunca lo habría hecho sin tu firme recomendación, pero anoche me senté a ver las dos primeras horas y media del vídeo, empecé a verlo y no pude parar. Es absolutamente fascinante. Como dijo otro comentarista en , yo ya conocía mucha de la información, pero verla expuesta de esta manera, y el gran número de imágenes que confirman que tantas figuras públicas están involucradas en la masonería es estremecedor.

Ahora es fácil ver cómo la gente aparece de la nada y es lanzada a la luz pública. O sus padres son masones o ellos lo son, así que cuando aparecen en Nueva York o Los Ángeles o donde sea, lo primero que hacen es ponerse en contacto o unirse a la logia local y ¡bingo! Se hacen contactos, se mueven hilos, se contacta con los mejores agentes, se organizan audiciones y, de repente, están muy por delante de sus compañeros con más talento, que luchan por llegar a fin de mes. La interpretación, la música, la política, la edición y la venta de libros, posiblemente todo funciona así. Incluso la gente de la que nunca sospecharías es fotografiada haciendo ese signo 666 sobre su ojo. No tiene fin.

# Garra Tríade: La humanidad es víctima de un antiguo complot satánico

A continuación figura una lista de líderes políticos y culturales de más de 500 años cuyos retratos oficiales les muestran haciendo la señal de la mano de la tríada, juntando el tercer y cuarto dedos. También se conoce como "Garra de la Tríada.

¿Son criptojudíos todos estos personajes destacados a lo largo de cinco siglos?

De ser cierto, arroja una nueva luz sobre la historia.

Los Illuminati - FDR, Hitler, Stalin y Churchill - son esencialmente criptojudíos.

Igual que Hillary y Trump. Al parecer, se trata de un gesto marano que señala las letras M y W, que simbolizan el 666 de las tres V. La letra V es "waw" en hebreo y "vav" en Gematria y es la 6ª letra en ambos.

*Estos líderes mundiales están haciendo el signo de la mano de la Garra de la Tríada.*

¿Cuáles son las posibilidades de que personas que viven a siglos de distancia hagan el mismo signo masónico con la mano? El signo de la tríada es la forma en que los satanistas se reconocen entre sí y señalan su lealtad a Lucifer

Aunque esta conspiración se originó en la Cábala judía, se ha extendido a gran parte de la dirigencia gentil, incluidos miembros de la realeza, autores, científicos y líderes religiosos. A menos que muchos de ellos sean cripto-judíos.

La trágica historia del hombre y su disfunción actual se deben a que la humanidad está poseída satánicamente. Se podría escribir una historia exacta de Europa simplemente estudiando a estos personajes y su papel. La mayoría encajan en el patrón de una conspiración cabalista a largo plazo para degradar y esclavizar a la humanidad.

> "Quien no pueda ver que en la Tierra se está llevando a cabo una gran empresa, un importante plan, en cuya realización se nos permite colaborar como fieles servidores, sin duda tiene que estar ciego". - Winston

David Livingstone cree que la mayoría de los linajes Illuminati, incluida la realeza europea, son judíos heréticos, criptojudíos y aspirantes a judíos. ("Criptojudíos" son judíos que hacen pasar por cristianos, musulmanes u otras religiones o etnias. John Kerry o Madeline Albright son ejemplos de ello).

En su libro *Terrorism & the Illuminati (Terrorismo y los Illuminati*), Livingstone traza las genealogías de estas líneas de sangre jázaras, que incluyen a los Rothschild, los Habsburgo, los Sinclair, los Estuardo, los Merovingios, los Lusignan y los Windsor.

> "El gran secreto de la historia es esta historia del ascenso de los cabalistas al poder mundial", dice Livingstone

> "Los judíos de a pie y la gente, en general, no tienen ni idea de cómo están siendo manipulados".

> "Estos cabalistas creen que Lucifer es el verdadero Dios. No les importan sus propias naciones. Todo su objetivo en la vida es humillar y degradar a la humanidad, y demostrar a Dios que el experimento humano es un fracaso. Están logrando gradualmente este objetivo a

través de su control encubierto de la economía, la educación, los medios de comunicación y el gobierno."

Como apoyo, David envió este alucinante enlace de la máquina Wayback de Internet.

*https://web.archive.org/web/20140419215337/ http://www.pseudoreality.org/westside.html*

# Veronica Swift: Illuminati Satanism Unveiled

**El libro de Veronica Swift, *An Illuminati Primer: Understanding the System through the Eyes of Its Whistleblowers* (2022) revela detalles inquietantes sobre los políticos y famosos que adoramos. Todos ellos pertenecen a los Illuminati que realmente es un culto satánico.**

A continuación, algunos extractos que explican por qué la sociedad occidental va en picado

"... El jefe del Consejo Satánico ocupa un cargo llamado el "Fénix", y ese cargo fue ocupado durante casi 30 años por George Soros, quien renunció alrededor de 2018-2019. A Soros le sucedió Barack Obama, que es el actual Fénix del Consejo Satánico. (ARA 031)

Cada cuadrante tiene un número de Grandes Sumos Sacerdotes y Sacerdotisas, y una de las Grandes Sacerdotisas para el Cuadrante Este de EE.UU. fue ocupada por Gloria Vanderbilt hasta su muerte en 2019. Se suponía que iba a ser sucedida por Hillary Clinton, pero por alguna razón, Hillary no pudo tomar esa posición, una para la que fue preparada toda su . (ARA 21) .

Por el puesto de Gloria lucharon dos Sumas Sacerdotisas, y la ganadora se hizo con ese puesto. Las dos brujas ... eran Beyonce, famosa cantante, y Megan Markle, la esposa del príncipe Harry de la realeza británica. (ARA 21) ..." (página 60-62)

"... Se sabe que todo el clan Musk está muy metido en el Sistema de la Hermandad y ha sido descubierto por su antigua chica de la casa/niñera Rosemary, que se hace llamar Shalom Girl en YouTube. (SG 01

Jessie Czebotar ha notado que el abuelo de Elon, Joshua N. Haldeman, estaba conectado con Joseph Mengele y otros Nazis que eran parte de los Illuminati. (GSR 01) (página 71)

"... Algunas iglesias católicas tienen incineradores subterráneos. (ARA 004) Los restos de los niños sacrificados en rituales en los terrenos (o debajo) de las iglesias católicas pueden ser eliminados por incineración, y entonces, para mi propia repugnancia cuando esto, a veces toman esos restos y hacen otras cosas con ellos, como crear diamantes conmemorativos de ellos, y luego vender los diamantes con fines de lucro, o usarlos como diamantes trofeo en anillos ..." (página 97)

"... Los individuos superiores de las logias masónicas son luciferinos de alto rango en los Illuminati, de acuerdo tanto con Jessie como con Cheryl. El nivel 32 es el último nivel de masonería que se puede alcanzar sin que se requiera sacrificio humano. Los masones del nivel 33 han alcanzado ese rango sacrificando a un niño. (ARA 050) ..." (página 103)

"... Algunos de los rituales tienen nombres como "Moonchild" o "Satanic Baptism" o "First Blasphemy/12-year-old ritual". El primer ritual del que oí hablar fue el de los 12 años, que es para los chicos de la jerarquía de élite cuando se "gradúan" de su círculo mágico infantil para empezar a participar en su círculo de

Cohorte de la Hermandad/Círculo mágico. También es el primer ritual en el que voluntariamente toman la vida de otro individuo, y de todos los relatos de la misma, es un poco salvaje baño de sangre. (RoR 080) Jessie habla de un ritual de 12 años de edad, vio como un niño pequeño, y el niño que va a través de él era un Rothschild.

El niño de 12 años también es colgado de una cuerda, y después de ser colgado, el niño de 12 años es violado, de todas las formas que puedas imaginar, por los miembros del círculo mágico que serán sus afiliados adultos del grupo. Estos individuos serán los mentores de este niño durante el resto de su vida, y le guiarán a lo largo de su carrera y le apoyarán de por vida. (ARA 003

En este ritual en particular, los individuos presentes como parte del grupo central de adultos incluían a Hillary Rodham Clinton y John Brennan. Otro perpetrador individual presente fue Marilou Schroeder Whitney, pariente del clan Vanderbilt. Estos individuos adultos le dicen a este niño que tiene que "renunciar a Dios y entrar en (su) posición en la Hermandad.

La renuncia a Dios se considera la "Primera Blasfemia". En ese momento el niño se , drogado con adrenocromo, que según Jessie produce una psicosis tan fuerte que deseas "arrancarle la cara a la gente" o destrozarla con las manos y los dientes. Jessie señala que cuando le hicieron la prueba del adrenocromo, cuando estaba dejando la droga le pusieron una camisa de fuerza y la encerraron en un armario para que no hiciera daño a nadie. (GD 03, ARA 042, ARA 034

Comienza entonces su primer asesinato canibalizando a uno de los niños colgados , y luego se le unen los demás que están en la parte profunda de la zona alicatada parecida a una piscina, y todo se convierte en un gigantesco baño de sangre. (ARA 003

4 Grandes Sacerdotes Illuminati presidieron el ritual, incluyendo el difunto Reverendo Monseñor Thomas C Brady, y el Cardenal Timothy Michael Dolan. Ambos tienen trabajos de día en la Iglesia Católica, y son luciferinos en el lado

Después de la violación de un niño de 12 años, una de las cosas que hace ese niño es quitarse voluntariamente su primera vida... Corey Feldman y Corey Haim, estrellas infantiles de Hollywood, estaban allí, al igual que Christina Applegate, de la serie de televisión Married with Children, Carter Vanderbilt (hijo de Gloria Vanderbilt), el senador Robert Byrd, Ewan McGregor y Jimmy Saville, también fueron nombrados como presentes en las festividades antes del ritual real. ..." (página 132-134)

> "... Las personas asignadas para operar en estos cuadrantes podrían ser llamadas por un nombre que designe su cuadrante, por ejemplo Jacob Rothschild es llamado el 'Dragón Azul' porque opera en el cuadrante oeste, y el color designativo de ese cuadrante es el . (ARA 010
>
> " El control por parte de los Illuminati en la cúpula de estas organizaciones es total. El FBI permite que la gente buena dentro de su organización se "descubra" persiguiendo redes de pedofilia, por ejemplo, pero luego utiliza eso para destruir sus carreras y reemplazarlos con individuos más propensos a ser leales a los malvados rangos superiores. (FB 01)..." (página 178)
>
> "... Svali no se toma muy bien a Trump. Ella cree que tanto Trump como Biden están controlados mentalmente - y esa es una opinión experta basada en su anterior profesión de "programadora jefe" en los Illuminati (SV 26, SV 57

Planes adicionales que no hemos visto realizados hasta la fecha incluyen que los Illuminati quieren que la moneda estadounidense sea totalmente devaluada ya que esto presionaría a la gente a aceptar un "Gobierno Mundial Único a cambio de la estabilización económica." Las secciones más aterradoras de este plan incluyen una segunda pandemia altamente fatal para los niños pequeños, y la implementación de leyes de odio para criminalizar "el Cristianismo, el Judaísmo, y cualquier grupo político que no esté de acuerdo con la agenda de la secta." (SV 57)

# Henry Klein: Sanedrín - ¿Jefe de la Serpiente Illuminati?

***El veneno en la copa de los judíos* (1945)- Henry Klein (abreviado por henrymakow.com)**

***Los Protocolos de Sion* es el plan por el cual un puñado de judíos que componen el Sanedrín, pretenden gobernar el mundo destruyendo primero la civilización cristiana. Los judíos como grupo, no saben nada de este plan. Son tan victimas del Sanedrín como lo son los cristianos y los de otras religiones.**

"Jesús ante el Sanedrín", cuadro de Jacques Tissot

El Sanedrín opera a través de la Kehillah. La mayoría de las organizaciones judías están representadas en la Kehillah. Es el órgano de gobierno judío local. Todas las representaciones en ella son por delegados repartidos según la membresía de los cuerpos constituyentes. Cada organización judía, ya sea una logia, una orden fraternal, una sinagoga u otra, tiene derecho a representación. Esta unidad está en consonancia con consejo del difunto Louis D. Brandeis, que instó a los judíos a "unirse, unirse, unirse".

La Kehillah de Nueva York está dirigida por un comité ejecutivo sobre el que existe un órgano consultivo. Este comité ejecutivo es elegido de año en año o continúa en el cargo. Es responsable del funcionamiento de la Kehillah, que es una antigua institución judía que se remonta a antes de la época de Jesús, que fue el objetivo de la Kehillah en su día. También lo fue Moses Maimonides en el siglo XII; también lo fue Spinoza en el siglo XVIII; también lo fue Jacob Branfmann en el siglo XIX y también lo soy yo hoy.

Henry Klein (1879-1955)

¿Por qué era yo el objetivo de la Kehillah? Porque defendí a un cristiano que fue perseguido junto con otros cristianos, en el falso juicio por sedición en Washington, D.C., durante 1944 y porque expuse y detuve el chanchullo de algunas de las llamadas organizaciones y publicaciones pro-judías que estaban detrás de esa persecución...

Mi entendimiento se ha iluminado enormemente. En mi opinión, los Protocolos no sólo son auténticos, sino que se han cumplido casi en su totalidad. El ultimo paso en su cumplimiento fue la adopción de la llamada carta de la nación unida por el Congreso, creando un super-gobierno, el super-gobierno delineado en los Protocolos que dicen que con la creación del super-gobierno, el plan en los Protocolos será cumplido. El Sanedrín estará en el poder.

El Sanedrín ahora gobierna los Estados Unidos, Gran Bretaña y Rusia y con la bomba atómica, tiene suficiente poder para respaldar su dominio sobre todo el mundo.

**VENDETTA**

Nunca pude entender por qué durante muchos años Klein fue un "pulgar hacia abajo" en el negocio de los periódicos en la ciudad de Nueva York, donde yo había servido honorable y valientemente durante muchos años como un cruzado y denunciante de chanchullos, a riesgo de mi vida. Consideraba que ese trabajo era el deber de un periodista.

Fui el principal reportero de revelaciones en el *World* bajo Joseph Pulitzer, y en *The American* bajo Hearst. en los primeros días de su carrera periodística en la ciudad de Nueva York; y fui el investigador jefe de algunos de los importantes organismos de investigación oficiales y extraoficiales. Expuse yo solo, más corrupción política que la mayoría de los periodistas, funcionarios públicos e investigadores juntos, en un período de más de cuarenta años de los sesenta y seis de mi vida...

¿Por qué fue "un pulgar hacia abajo" para Klein en el negocio de los periódicos? Porque la Kehillah, a través del Sanedrín, gobierna los periódicos y porque el Sanedrín no puede soportar a un judío honesto y valiente.

Cuando me presenté a la alcaldía de Nueva York en 1933, con las candidaturas del Partido de los Contribuyentes y del Partido de los Cinco Centavos, ningún periódico de la ciudad podía mencionar mi nombre, aunque uno o dos sí lo hicieron. Distribuí tres millones de folletos para superar la supresión de los periódicos, a pesar de lo cual obtuve 57.500 votos aunque la Junta me atribuyó sólo 2.607 votos e informó de 55.000 votos emitidos para alcalde pero "no registrados". Diez mil votantes firmaron mi petición de candidatura para permitirme presentarme.

Todo esto significa que ningún judío decente tiene la oportunidad de ser conocido por otros judíos o por el pueblo en general si el Sanedrín quiere que no sea conocido'. Sin embargo, uno de los líderes de la Kehillah estuvo asociado conmigo en una transacción inmobiliaria sólo una docena de años antes y la mayoría de los líderes de la Kehillah conocen mi carrera íntimamente. Yo no era un judío con sello de goma ni un ortodoxo y eso bastaba para prohibirme; además era independiente y creativo y eso era tabú. La Kehillah trata de mantener a los judíos ortodoxos e ignorantes para poder asustarlos y controlarlos más fácilmente. Quieren que los judíos permanezcan dóciles y obedezcan órdenes.

Bueno, los judíos están totalmente controlados, pero ¿para qué? La reacción contra ellos en todos los países ha sido tremenda. ¿Deben seguir solos como hasta ahora y ajustarse a los principios de sus autoproclamados amos, o deben deshacerse del yugo y proclamar su libertad del control racial y religioso.

A menos que hagan esto último, los judíos están condenados. Hasta ahora la mayoría de ellos han sido contados como esclavos voluntarios. Han sido alimentados con todo tipo de propaganda falsa para mantenerlos ignorantes y atemorizados. Judíos y cristianos han sido utilizados para atizar animosidades raciales, para mantener a los judíos juntos y en línea. Los Protocolos dicen que debemos tener antisemitismo para mantener a nuestro pueblo unido aunque sacrifiquemos a algunos de ellos para obtener un beneficio mayor...

Relacionado: Henry Klein - *El mártir judío desenmascaró el control comunista de EE.UU.* (en línea)

# Un apéndice a los Protocolos de Sión

**Lo que Israel hace a los palestinos la judería organizada y la masonería acabarán por hacérnoslo a todos en pandemias y guerras orquestadas. Un lector, un patriota de larga data, tropezó con este panfleto de cuatro páginas entre sus papeles.**

**"No tengo ni idea de cómo llegué a ella ni de cuándo. Ni de la veracidad de los tales. Pensé que si a alguien le servía éste sería a ti".**

**El contenido lleno de odio es coherente con otras revelaciones de la agenda judía masónica, como Los Protocolos de Sión y las revelaciones de Harold Rosenthal. Por miedo a ser acusado de "antisemitismo", Occidente ha abrazado su propia destrucción. Esta difamación está diseñada para descartar la oposición al satanismo (judaísmo masónico, comunismo) como "intolerancia.**

**Cuesta creer que lo siguiente se escribiera antes de la invención de Internet: "Hemos entrenado a toda una nueva generación para que crea que el único objetivo importante en la vida es ganar concursos de popularidad; así que nadie, por miedo a "caer mal", se atreverá a expresar ninguna idea ni a demostrar ninguna iniciativa que no le hayamos implantado nosotros primero."**

**UN MENSAJE DE LA ALTA CÁBALA (ABREVIADO**

SALUDOS SECRETOS, Oh Pueblo Elegido:

"Muchos de ustedes se preguntan cuánto tiempo más los judíos de aquí debemos seguir manteniendo la abominable pretensión de Hermandad (¡Oh, Hermano!) hacia los odiados goyim cristianos y cuándo por fin podremos prescindir de la schmaltz y asumir abiertamente nuestro papel destinado de Señores de la Tierra. Sin duda estáis asqueados de actuar siempre vuestros papeles en el mundo ficticio que hemos creado para dejar a los goy schmos postrados e indefensos a nuestros pies. Esperáis con impaciencia el Gran Día en que podamos proclamar el comienzo de nuestro Nuevo Orden Mundial.

¡Regocijémonos! ¡El Gran Día está cerca! Nuestro largamente esperado Mesías, Nuestro Rey de Sión, ¡pronto será coronado para gobernar sobre toda la tierra! Después de siglos interminables los planes de nuestros sabios Ancianos se acercan a su completa realización.

El estúpido ganado goy está ahora preparado para el sacrificio. Usted ve los restos de ellos que permitimos que sobrevivan, después de seleccionarlos, ya sirviéndonos en la Unión Soviética, China Roja, etc. etc., como nuestros simios entrenados, felices de morir masacrando y esclavizando al resto de sus compañeros goyim para nosotros. Usted observó con qué fidelidad actuaron para nosotros en Hungría. Y en todo el mundo "'libre'" los goyim están llorando para tomemos posesión de ellos.

Hablando interminablemente de todos los temas y desde todos los lados, hemos confundido y desmoralizado tanto a los estúpidos goyim que apoyan con entusiasmo todos nuestros movimientos para completar su esclavitud. Dependen cada vez más de nosotros para el liderazgo, ya que sólo nosotros sabemos pensar.

Observen lo dispuestos que están los estúpidos goyim del Norte a castigar a sus recalcitrantes parientes del Sur por negarse impúdicamente a obedecer las órdenes de integrarse con los infantiles salvajes africanos. Recuerden cómo murieron por nosotros cuando les ordenamos destruir a Hitler, Mussolini y los caudillos japoneses.

Observen cómo su proletariado bruto ya es nuestro prisionero en los sindicatos en los que lo hemos metido. En su estupidez abismal ni siquiera pueden ver que somos nosotros quienes somos sus jefes sindicales, aunque nunca nos ensuciemos las manos con un trabajo manual degradante.

Nos eligen a nosotros, o a nuestros títeres, para que les gobernemos y obedecen nuestras órdenes servilmente. Les ordenamos que hagan huelga una y otra vez para conseguir salarios cada vez más altos, sin que se den cuenta de que subimos los precios siempre un poco más deprisa y de que se les eleva el impuesto sobre la renta a niveles cada vez más altos.

Para compensar nuestros esfuerzos, extraemos miles de millones de estos bueyes goy en cuotas sindicales y fondos de bienestar, que utilizamos para nuestros propios fines. Les hemos enseñado a odiar a los capitalistas sin escrúpulos, explotadores y ricos de , cegándoles por completo ante el hecho de que nosotros somos esos capitalistas "desagradables", ¡dándoles palmaditas en la espalda y diciéndoles que estamos a favor del "pequeño hombre"!

Por supuesto, son demasiado tontos para darse cuenta de que todos los periódicos, libros, revistas, radio, televisión y películas les bombardean sin cesar con nuestra propaganda, a odiar a nuestros enemigos, su país, su sistema capitalista, etc., y a sentirse culpables por atreverse siquiera a considerarse capaces de cualquier pensamiento independiente. Son nuestros zombis. Todo lo que tenemos que hacer para promover cualquier idea, por absurda que sea; para hacer progresar a cualquiera de nuestros títeres, por patético que sea; para destruir a cualquiera de sus líderes, por digno que sea, es pulsar un botón y nuestra irresistible propaganda comienza a asaltarles día y noche, dondequiera que se giren -no hay escapatoria- y creen exactamente lo que les decimos.

Hemos convertido sus escuelas en glamorosos jardines de infancia, donde los tontos de cerebro atontado creen que están siendo educados sólo porque pasan de doce a dieciséis años entretenidos en finos edificios, con sus cerebros embrollados por nuestras ingeniosas técnicas. Nuestros "psicólogos modernos" han enseñado a los descerebrados padres goy que deben dejar que sus hijos crezcan como malas hierbas en el campo y nunca, nunca inhibir a sus detestables mocosos, ¡porque estarán "frustrados y crecerán inadaptados, introvertidos y neuróticos"!

¡Luego nos damos la vuelta y enseñamos a sus bárbaros hijos a despreciar a sus vacuos padres por desatenderlos! Hemos adiestrado a toda una nueva generación para que crea que el único objetivo importante en la vida es ganar concursos de popularidad; así que nadie, por miedo a "caer mal", se atreverá a expresar ninguna idea ni a demostrar ninguna iniciativa que no le hayamos implantado nosotros primero.

Los que se niegan a conformarse son declarados necesitados de ayuda psiquiátrica urgente y enviados a nuestros agentes psicopolíticos, que ellos creen inocentemente que están interesados en "curarlos", pero que en realidad practican nuestras ingeniosas técnicas para subvertir sus mentes y convertirlos en nuestras herramientas involuntarias para el resto de sus días. Y pagan mucho dinero por el "privilegio". ¡Oh, un tonto y su dinero - !

Les hemos inducido a hacer votar a todo el mundo; si sólo dijéramos la palabravotarían a los bebés en sus cunas, ¡pero ya saben que eso sería demasiado sucio! Ejercemos un control total sobre sus masas ciegas y estúpidas, que "piensan" y votan exactamente como les ordenamos. Si el viejo FDR aún viviera, lo tendríamos todavía en la Casa Blanca cumpliendo nuestras órdenes. Eleanor balbucea como le ordenamos, ¡sigue y sigue!

Para que los goyim no tengan ninguna posibilidad de escapar, nos hemos hecho con el control total de ambos partidos políticos. Ahora podemos decir con suficiencia a los votantes goy que deben votar "¡para preservar su libertad!". Les decimos que voten lo que quieran, pero por todos los medios que voten - pero los goyim idiotas poco se dan cuenta de que les estamos dando siempre a elegir entre dos títeres de nuestra elección. Ahora que están tratando de formar un tercer partido para escapar de nosotroscompraremos el control del mismo también.

Cada vez que algún político se pone entrometido, nuestra Bnai Brith ADL sabe bien cómo ; testigo, Dies, Thomas, McCarthy, Jenner, Welker, Eastland, etc. Cuando un alto funcionario se atreve a oponerse a nosotros, lo destruimos por completo, como hicimos con el conde Bernadotte, Forrestal, MacArthur, etc. Siempre hemos tenido el control total del Programa de Energía Atómica, y todas las fuerzas armadas están bajo nuestro control directo: ¡combatirán contra quien, cuando, como y donde les ordenemos!

Los goyim más observadores, tras darse cuenta de que nunca participamos directamente en los combates de las guerras en las que les obligamos a participar, suponen que somos cobardes, pero que lo crean, ayuda a nuestra Causa. Pronto sabrán que no es así.

En nombre del Bienestar estamos arrebatando a los goyim tanto su libertad como su dinero. En nombre de la Seguridad hemos construido a su alrededor una fortaleza gubernamental inexpugnable, que pronto descubrirán que será su prisión para toda la eternidad. En nombre de la Hermandad les hemos enseñado a no resistirse a nosotros.

En nombre de la caridad les hemos ordeñado miles de millones. En nombre de la prevención de la caries dental, les estamos haciendo construir sistemas de envenenamiento del agua les dejarán completamente a nuestra merced.

En nombre de la Salud Mental declaramos dementes y encarcelamos de por vida a quienes se nos resisten. En nombre de la Educación Progresista los estamos entrenando para ser nuestros robots irreflexivos. En su propio nombre estamos destruyendo su molesta Constitución.

Hemos utilizado su abominable religión cristiana para nuestros fines. En nombre de la Hermandad, sus ministros están destruyendo el cristianismo, tal y como nosotros ordenamos, y enseñando en su lugar los principios de nuestro brillante estratega, Karl Marx. Cualquier intento de resistirnos en esto es tachado de "anticristiano". ¡Qué tontos!

Hemos promovido a científicos ficticios que, utilizando palabras monstruosas e ingeniosos engaños, han convencido a los gentiles de que somos tan inteligentes que ni siquiera pueden intentar comprender nuestras pretenciosas teorías. Así han consagrado a Sigmund Freud y a nuestro devoto patriota sionista, Albert Einstein, cayendo rendidos en ciega adulación. Y ahora adoran a nuestro Jonas Salk por su vacuna contra la polio, que no ha sido probada.

Hemos pervertido tanto su arte que nuestros Picasso, Gertrude Stein y Jacob Epstein son considerados tan brillantes que las ovejas goy imbéciles ni siquiera pueden comprender lo que significan, ¡y pagan mucho dinero por lo que un niño podría haber hecho mejor!

Cuando algunos de sus pocos hombres inteligentes se dan cuenta de nuestras artimañas e intentan desenmascararnos, gritamos: "¡Fascismo, nazismo, antisemitismo, discriminación, fanatismo, genocidio, locura!", y nuestros entrenados monos goy se apresuran locamente a destruir esas voces perturbadoras en nuestro mundo de fantasía. Nunca permitimos que nadie critique a un judío, y nunca se permite que se represente a ningún villano judío.

Temimos vernos frustrados cuando nuestros planes secretos fueron robados y publicados en Rusia hace más de cincuenta años como los "Protocolos de los Sabios de Sión" y nuestro manual sobre la guerra psicopolítica fue publicado por un sucio traidor goy bajo el título "Lavado de Cerebro'.

Pero descubrimos que nuestros sabios Ancianos tenían toda la razón cuando escribieron que el estúpido goyim tiene ojos, pero no puede ver, y tiene oídos, pero no puede oír. Tenían tanta razón que una especie animal tan bovina e indigna no puede ser considerada humana. Tal como escribieron nuestros sabios rabinos en nuestro sagrado Talmud, poco después de librarnos del impostor Jesús, debemos tratarlos como a nuestro ganado...

Alégrense, pronto encerraremos al resto del ganado goy en el corral al que pertenecen, no permitiéndoles nunca más que nos molesten en la dirección de los asuntos humanos. Ahora estamos completando nuestra conquista de ese último bastión del mundo goy, los Estados Unidos de América, y de todo este caos mundial planeado estamos inexorablemente ensamblando nuestro nuevo Mundo de Una Nación: ¡su nombre será Sión! Habiendo llegado por fin a nuestro Reino prometido por Dios sobre la Tierra, la Paz, la Prosperidad y el Poder bendecirán a los judíos para siempre.

¡Viva nuestro Mesías, el Invencible Rey Mundial de Sión!

# Ted Pike: Exterminar a los Goyim es la base de la Cábala

**La Cábala (Satanismo) es la Ideología de los Illuminati.**

**La calumnia del "antisemitismo" desvía la atención de la cruda realidad: el odio emana en realidad de los judíos cabalistas y sus agentes masones en forma de un ataque simultáneo a nuestra identidad de género, racial, religiosa y nacional. Este odio encuentra ahora su expresión en la operación psicológica pandémica y las vacunas asesinas.**

**Judío o no, si no eres un "antisemita" en el sentido de oponerte a esta diabólica agendaeres un incauto que pagará caro tu conformismo e ignorancia.**

**Ted Pike, de 74 años, ha prestado un heroico servicio a la humanidad a lo largo de 30 años de carrera misionera. En 1988, envió 15.000 ejemplares de este libro a evangelistas cristianos, gracias a la generosidad de un donante anónimo. Con 750 emisiones de radio, contribuyó decisivamente a evitar que se aprobaran leyes contra el odio en la década de 1990. Su vídeo *Sionism & Christianity-Unholy* Alliance es clave para entender nuestro mundo.**

Les insto a que lean *Israel: Our Duty...Our Dilemma* (1984) de Ted Pike para comprender plenamente el peligro en que se encuentra hoy la humanidad. La enseñanza esencial del libro más sagrado del judaísmo, la Cábala, es que los no judíos constituyen un impedimento para el progreso y deben ser subyugados o exterminados. Esta ideología explica probablemente gran parte de la trágica historia de la humanidad y su inminente perdición.

Solo los judíos "religiosos" son conscientes de esta agenda pero ellos están en gran medida en control de Occidente a través de su control del sistema bancario y la mazonería.

Pocas personas se toman el tiempo de leer la Cábala. Ted Pike lo hizo y expuso sus conclusiones en el capítulo 12, *La conspiración de la Cábala*. (110-123)

La Cábala es "un intento de los fariseos y sus descendientes de arrebatar a Dios el control de este mundo y dárselo a ellos mismos.

Esta es la definición de satanismo: suplantar a Dios. El judaísmo en su corazón cabalista es . Por eso no tienes que creer en Dios para seguir el judaísmo.

## ODIO HACIA LOS GOYIM

Según la Cábala, los gentiles, por su mera existencia, son un impedimento para el gobierno judío y el Cielo en la Tierra. "Los cabalistas veían el exterminio de los gentiles como un proceso necesario para restaurar el orden en el universo. El Gentil es una forma de demonio... Satanás mismo".

Pike cita a la Cábala: "Cuando Dios se revele, serán borrados de la faz de la tierra". (I Ber. 25b)

Hasta ese bendito día, los judíos seguirán languideciendo y sintiéndose oprimidos por los goyim. "Hombre" en el Antiguo Testamento se refiere sólo a los judíos. ¿Cómo conquistará el hombre el mundo?

> "Mediante engaños y artimañas siempre que sea posible. Hay que luchar contra ellos sin cesar hasta que se restablezca el orden adecuado. Por eso digo con satisfacción que debemos de ellos y gobernarlos". (I, 160a, *Pranaitus* Trans. p.74)

Esto da miedo teniendo en cuenta quién controla las armas del engaño masivo.

Cuando se haya producido la dominación judía del mundo, el Mesías "desplegará su fuerza y los exterminará del mundo". (III, Schemoth, 7 y 9b, de Pauly.

> "Cuando éstos sean exterminados, será como si Dios hubiera hecho el cielo y la tierra en ese día..."(I, Ber. 25b)

> "En el momento en que el Santo ...extermine a todos los goyim del mundo, Israel subsistirá, tal como está escrito, sólo el ord aparecerá grande en ese día". Vayschlah, follo 177b de Pauly, Webster p.373.

La Cábala recomienda el exterminio de los gentiles como el deber religioso más elevado. Sólo entonces podrán prosperar los judíos.

La mayoría de los judíos no son conscientes de esta agenda diabólica y ciertamente no comparten estos objetivos. Sin embargo, esta subyugación de los goyim es la esencia del "globalismo" y del Nuevo Orden Mundial.

El "pueblo elegido" es la estafa definitiva. No me gusta parecer alarmista pero esta es la mejor explicación de los acontecimientos mundiales pasados y presentes. Hemos perdido la capacidad de reconocer el mal y llamarlo por su nombre. No se trata de una diferencia de opinión. Se trata del bien y del mal.

Déjame que te hable del mal. El mal quiere destruir todo lo bueno, incluyéndote a ti y a todo lo que aprecias.

Y recuerda, muchos cabalistas son masones. Estos gentiles quieren un asiento en la mesa y vendieron sus almas al diablo. Eran/son indispensables. Estamos hablando de una conspiración satanista generalizada. Centrémonos en los satanistas y no en los incautos judíos.

Si esta agenda está realmente detrás de los acontecimientos mundiales, es hora de que la humanidad salga de su complacencia y organice su defensa.

# Boris Pasternak: El Premio Nobel de Novela judío abogaba por la asimilación judía

**¿Por qué los líderes judíos encuentran tan amenazadora la asimilación? Necesitan que los judíos sean carne de cañón para sus planes megalómanos.**

En 1959, el Primer Ministro de Israel, David Ben-Gurion, declaró a la Agencia Telegráfica Judía que *Dr. Zhivago* era "uno de los libros más despreciables sobre los judíos jamás escrito por un hombre de origen judío... ".

¿Qué provocó esta reacción del primer Primer Ministro de Israel?

Ben-Gurion se enfureció por un personaje de la novela, un converso al cristianismo que preguntaba por qué los judíos tenían que sufrir el azote del antisemitismo:

> *"¿En interés de quién es este martirio voluntario? Despedid a este ejército [judío] que siempre está luchando y siendo masacrado, nadie sabe para qué... Decidles: 'Ya basta. Dejadlo ya. No os aferréis a vuestra identidad. No os reunáis todos en una multitud. Dispersaos. Sé con todos demás.*
>
> *Su idea nacional ha obligado a los judíos a ser una nación y nada más que una nación - y han estado encadenados a esta tarea mortífera a lo largo de los siglos cuando todo el resto del estaba siendo liberado de ella por una nueva fuerza [el cristianismo] que había surgido de su propio seno... ¡Y realmente lo vieron y lo oyeron y lo dejaron ir!*
>
> *¿Cómo pudieron permitir que un espíritu de poder y belleza tan abrumadores los abandonara, cómo pensar que después de que triunfara y estableciera su reinado, podrían permanecer como la cáscara vacía del milagro que habían repudiado?*
>
> *Entra en razón, para. No te aferres a tu identidad. No te pegues, dispérsate. Uníos al resto. Fuisteis los primeros y los mejores cristianos del mundo. Ahora sois aquello mismo contra lo que os han vuelto los*

*peores y más débiles de entre vosotros".* - (Doctor Zhivago, Capítulo 12)

## PASTERNAK - UN CRISTIANO DE CORAZÓN

Pasternak nació en Moscú en el seno de una acaudalada familia judía rusa asimilada. Su padre era el pintor postimpresionista Leonid Pasternak, profesor de la Escuela de Pintura, Escultura y Arquitectura de Moscú. Su madre era Rosa Kaufman, concertista de piano e hija del industrial de Odessa Isadore Kaufman.

En una carta de 1959 a Jacqueline de Proyart, Pasternak recordaba que su "peculiar forma de ver las cosas" se debía a su bautismo por una niñera:

> "Fui bautizado de niño por mi niñera, pero... siempre lo sentí como algo medio secreto e íntimo, una fuente de inspiración rara y excepcional en lugar de darlo tranquilamente por sentado. Creo que esto está en la raíz de mi carácter distintivo. El cristianismo ocupó mi con mayor intensidad en los años 1910-12, cuando los principales fundamentos de este carácter distintivo -mi forma de ver las cosas, el mundo, la vida- estaban tomando forma..."

## LA OPINIÓN DE MAKOW SOBRE EL JUDAÍSMO

La mayoría de los judíos le dirán que el ritual judío es en gran medida vacío y aburrido. Las fiestas suelen ser una celebración tribal. La Pascua conmemora el éxodo de Egipto. Rosh ha Shonah (Año Nuevo) se basa en que algunas velas arden más tiempo del que deberían, un signo del "favor divino". (¿Quién no ha visto velas haciendo esto?) La "fiesta mayor" Yom Kippur se supone que es un "día de arrepentimiento". Pero no hay arrepentimiento. En su lugar, la oración Kol Nidre en hebreo da permiso a los judíos para mentir y engañar a los gentiles durante el año siguiente. (La mayoría de los judíos no lo entienden.) Purim celebra el genocidio de los "antisemitas".

La razón por la que tantos judíos son "seculares" y no creen en Dios, es porque el secularismo es judaísmo disfrazado. El secularismo es una mascara para el satanismo - el rechazo de Dios y consecuentemente de la religión.

Aparte de los Diez Mandamientos, el judaísmo no contiene muchas enseñanzas morales. Hay algunos consejos mundanos y exhortaciones a temer a Dios, pero nada de la automortificación (negación de los atractivos terrenales) que se encuentra en el *Sermón de la Montaña*. De hecho, el Talmud confirma el comentario de Arthur

Koestler de que el judaísmo "enseña a los judíos cómo engañar a Dios".

"Hacer el bien" suele significar hacer lo que es bueno para los judíos.

La escritora Grace Halsell dio un ejemplo de lo que significa realmente "hacer el bien" . Cuando Halsell había escrito libros sobre la difícil situación de los nativos americanos, los afroamericanos y los trabajadores mexicanos indocumentados, era una gran favorita de la matriarca *del New York Times*, Iphigene Ochs Sulzberger. Todas estas causas promovían el multiculturalismo, que la judería organizada percibe como beneficioso.

Cuando Halsell escribió a continuación un impactante libro en el que describía la difícil situación de los palestinos, se ganó el disgusto de la Sra. Suzberger y el Times la abandonó rápidamente. Halsell escribe: "No tenía la menor idea de que, después de sido llevada tan alto, pudiera ser abandonada tan repentinamente cuando descubrí -desde su punto de vista- al desvalido 'equivocado'".

## CONCLUSIÓN

Los judíos eventualmente se darán cuenta de que no están comprometidos en alguna noble empresa por la cual son injustamente resentidos. Más bien, muchos judíos (y masones) están siendo utilizados para deshumanizar y esclavizar a la raza humana. Por eso David Ben Gurion odiaba a Boris Pasternak. Quería que los judíos sirvieran como carne de cañón en esta guerra demencial contra Dios y el hombre. Los que se convertían o asimilaban estaban fuera de su alcance. El judío medio está en la misma posición que la mayoría de los occidentales. Son engañados.

Si no pueden asimilarse, los judíos tienen que reinventarse en una nueva estructura no sionista y no comunista.

# ¡Profético! "Los cabalistas esclavizarán a la humanidad" - Texe Marrs en 2018

**"El plan de los judíos es emplear las herramientas de la magia del caos -utilizar el engaño, la mentira, la astucia y la magia- para obtener... la conquista del mundo gentil... y el establecimiento de un Reino [satánico] en la tierra. Así el mundo será finalmente "remendado" (reparado o restaurado) y "hecho perfecto". Perfecto para ellos, los Judíos que es. Para los gentiles, el infierno impío habrá llegado a la tierra". (p.26)**

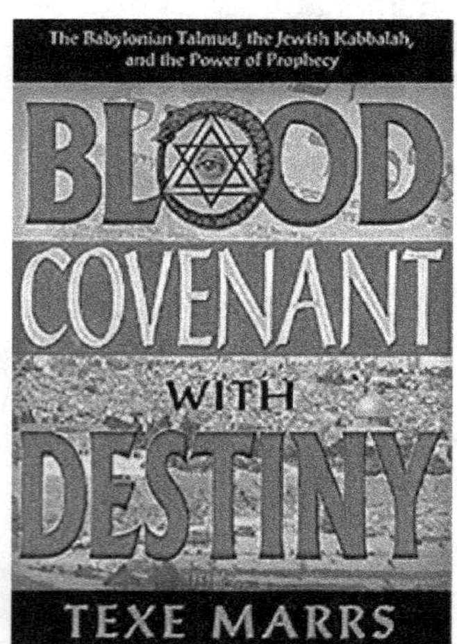


**Esto es "la utopía judía". Suena descabellado, pero explica gran parte de lo que ocurre hoy en día.**

**Este artículo fue publicado el 10 de marzo de 2018. Texe Marrs, un gran profeta, murió el 23 de noviembre de 2019. Ahora todo se está cumpliendo.**

En su último libro, Texe Marrs ofrece un rudo recordatorio de la "gran imagen" detrás de los acontecimientos mundiales. Occidente ya está controlado por judíos satánicos cuyo objetivo es establecer un estado policial tecnológico similar a los días más oscuros de Stalin y masacrar a cualquier cristiano o musulmán lo suficientemente terco como para adherirse a Cristo o Mahoma.

Esto parece descabellado, pero los acontecimientos diarios confirman este análisis. Han utilizado el sistema bancario para subvertir y controlar todas las instituciones sociales del mundo.

Escenifican tiroteos masivos para justificar la prohibición de armas. En el tiroteo masivo de Parkland HS de 2018, policías uniformados fueron los verdaderos tiradores.

¿Por qué tienen que desarmar a los goyim? Para que los goyim no puedan defenderse de un terror planificado como el que tuvo lugar en anteriores revoluciones judeo-masónicas en Francia y Rusia.

Censuran la libertad de expresión en Internet. Sabotean el género y coaccionan a las niñas para que busquen carreras de alto nivel en lugar de convertirse en esposas y madres. Al destruir la feminidad y la masculinidad (heterosexualidad) están frustrando la alquimia fundamental de la reproducción. Esta alteración de la naturaleza es la esencia del satanismo. La sociedad occidental está siendo introducida en un culto satánico, llámese comunismo.

Promueven la migración y el mestizaje. Existe una vigilancia masiva generalizada. Somos el blanco de la más odiosa campaña de ingeniería social, pero nos acusan de "incitación al odio" si lo mencionamos. ¿Se puede ser más diabólico? La toma del poder comunista (satanista) ya se ha producido. Sólo están esperando el adecuado para quitarle el envoltorio final.

## PACTO DE SANGRE CON EL DESTINO

En su nuevo libro, Texe Marrs dice que el sionismo es la "forma más satánica y depravada de supremacismo racial". Culpa al sionismo y a su feo gemelo, el comunismo, de 250 millones de muertes en el último siglo. Ve una horrible "bestia encorvándose hacia Belén" en la forma de una despiadada tiranía judía que ya está en plena exhibición en Palestina. Palestina podría ser el simulacro. La policía estadounidense está entrenada por Israel.

> "Hace tiempo que la humanidad tiene una cita con esta bestia cruel. No podemos escapar... de su psicopática y bárbara locura criminal... Es el epítome del mal consumado..." (14)

> "Los judíos van por la vía rápida hacia su destino oculto. Han hecho un acuerdo con el infierno, un pacto con la muerte, y los pagos de su deuda con Satanás deben hacerse de acuerdo con ese acuerdo contractual." (15)

> "El cristiano medio asume que los judíos son simplemente creyentes del Antiguo Testamento que simplemente necesitan a Jesús para ser "completados". El judaísmo es, en realidad, una malvada religión corrupta de odio, engaño y de desviación desenfrenada, sexualidad y hedonismo." (130)

Marrs muestra cómo a lo largo de la historia los judíos se han comportado de forma bárbara siempre que tenido la sartén por el mango. Profundiza en el Talmud y la Cábala para demostrar que el verdadero pacto judío no es con Dios, sino con el diablo. Muestra cómo la Cábala es un culebrón familiar incestuoso en el que los participantes logran el equilibrio cósmico jodiéndose unos a otros. La oración judía (davening) imita el coito.

> "El objetivo último de la Cábala, a pesar de las vanas y vacías negaciones de muchos de sus defensores, es la destrucción total de toda la materia, de la humanidad misma: La aniquilación. La serpiente Ouroboros rodeando y estrangulando a la humanidad. Destrucción creativa, la llaman los malvados cabalistas satánicos... La cábala neoconservadora es una demostración velada y ensombrecida de ello. En realidad quieren sumir al mundo en la catástrofe nuclear y el caos. Un caos ardiente y una destrucción sobre los que esperan construir su nuevo y oculto Orden utópico de los Siglos. Es una perspectiva aterradora y hasta ahora ha tenido éxito". (86)

Se están colocando las piezas para una guerra nuclear. Durante su primer mandato, Trump traicionó su promesa electoral de rebajar las tensiones con Rusia y evitar guerras gratuitas en lugares como Siria. Occidente se prepara para atacar a Irán y, si se vuelve nuclear, Putin ha responder del mismo modo.

## CONCLUSIÓN

Como judío étnico, me duele el corazón que una facción secreta de "mi pueblo" se haya pasado a Satanás, y la mayoría sea ignorante o indiferente. Los satanistas han puesto en peligro a todos los judíos. El antisemitismo podría estallar en violencia. Algunos prevén una guerra civil. Los judíos deben repudiar la agenda satánica o afrontar las consecuencias. Deben unirse a sus vecinos gentiles y oponerse al comunismo en todas sus formas

Pero los gentiles también han sido cómplices. Me desconcierta que Marrs se centre tanto en los judíos. Esta afirmación es la que más me desconcierta: "La mayoría judía odia a la humanidad, desprecia la vidaodia a Dios. Por eso son psicópatas y aman la muerte". (16)

(Si quieres odiar a los judíos, odia a los que son instrumentos de la Conspiración).

Esto es cierto para los dirigentes judíos y sus secuaces, pero "la mayoría judía" son ilusos que no piensan así. Como la masonería, el judaísmo es un culto satánico. Solo los "iniciados" conocen la verdadera agenda. Las bases son manipuladas con perogrulladas altisonantes.

Los judíos que conozco no odian a la humanidad ni aman la muerte. Son ajenos al lado oscuro del judaísmo y prefieren la asimilación. La tasa de matrimonios mixtos es de casi el 60% y son tan ignorantes como el goyim medio. La culpa por asociación es un error. Los verdaderos odiadores son los chabadniks y los de su calaña.

Me extraña que Texe Marrs no incluya a la masonería. Los banqueros necesitan la colaboración de los goyim que han traicionado a su sociedad, religión y cultura. ¿Y el Congreso de EEUU? Son masones que esperan que los "judíos" carguen con toda la culpa de la caída de Estados Unidos.

Sólo hay una referencia a la masonería en el libro de Texe Marrs. En la página 85, dice que la masonería "una secta religiosa judaica, cree que Dios es a la vez bueno y malo.

¿Eso es todo? ¿Cuando los EE.UU. está dirigido por masones, así como Judíos?

¿Por qué todo el mundo deja libres de culpa a los masones?

Porque los judíos asimilados están destinados a convertirse en chivos expiatorios.

# Yossi Gurwitz: Cuando Israel es poderoso (Extractos de la transcripción)

**En 2012, el exalumno de la Yeshiva Yossi Gurwitz explicó lo que pueden esperar los no judíos cuando los judíos talmúdicos adquieran total ascendencia: ["Según el judaísmo], son idólatras, y hay que matarlos."**

Debe haber una limpieza. La religiosa prohíbe el contacto con no judíos. Por supuesto, las leyes Kosher te prohíben comer con ellos. Otras leyes prohíben tratarlos con justicia. Está prohibido devolver un objeto perdido a un no judío, excepto para "mantener la paz". No está prohibido robar a un no judío, salvo para "mantener la paz". No se les puede decir "hola", a menos que no haya otra alternativa. Y así sucesivamente.

Lo que sí sabemos es lo siguiente: desde muy pronto, el judaísmo rabínico es un judaísmo que odia a los humanos [la humanidad]. Define como humanos sólo a los judíos, sólo a los judíos que creen en la religión...

El peor caso, en mi opinión, es el de Maimónides, decreta -en primer lugar, decreta que está permitido mantener relaciones sexuales con una niña de tres años. Esa edad de consentimiento es problemática. Y en segundo lugar, decreta que si un judío viola a una niña no judía de tres años, debe ser ejecutado. Ella, no él - porque ella lo tentó a pecar...

Los judíos ocultan estas creencias hasta que "Israel es Poderoso". Es entonces cuando existe un régimen judío. Es independiente, y es despiadado; puede hacer lo que quiera. Bajo esas circunstancias - todo se acaba, se vuelve a la letra de la ley.

No más "vías pacíficas", no más nada. Ahora bien, cuando se piensa en la historia judía en , mucha gente habla de las guerras asmoneas, que fue prácticamente una de las únicas veces en que los judíos empuñaron armas, y piensan en lo que los asmoneos hicieron a los judíos helenizados [que asimilaron la cultura griega]. Que fue extinguirlos, destruirlos. Un pequeño genocidio. Y se lo recuerdo a la gente con frecuencia, cada vez que llega Hanukah. Pero no se detuvieron ahí.

Se embarcaron en campañas de saqueo y conquista y al principio, durante sus primeros 20 años, allí donde llegaban destruían los templos locales. Estaba prohibido que un lugar que estuviera bajo dominio judío tuviera un templo pagano. De eso estamos hablando. También obligaron a los edomitas a convertirse al judaísmo bajo pena de muerte. Era una conversión forzada. Algo que aprendemos que la Inquisicion [Española] hizo mas tarde. Tomaban a la gente y les decían: "O estás muerto, o te conviertes al judaísmo". Y las cosas sólo empeoraron a partir de ahí...

## GENOCIDIO

Conquistamos un territorio poblado mayoritariamente por musulmanes. y los musulmanes nos combaten, así que esas defensas caen. Y mira, ahora empiezan a hablar de genocidio. Tienes el [libro] "Torah Hamelech" [Torá del Rey]. que te dice que puedes matar a los niños si hay una razón para creer que un día podrían causar daño.

Ahora bien, si matas a toda la familia de alguien y sólo le dejas con vida a él, sí que tendrá un motivo para causar daño. Si le robas sus tierras, le conviertes en refugiado, le echas a Jordania o al Líbano, sí que tendrá motivos para hacer daño. Mucha gente dijo que los argumentos del libro no son sólidos según la ley religiosa, etcétera, , pero nadie lo abordó realmente de frente. Y no es de extrañar que se convirtiera en un best-seller. Porque, en general, lo que en realidad quieren los sionistas religiosos es la Tierra de Israel sea sólo para los judíos.

Ahora la situación para los cristianos, por otra parte, será realmente mala. [Según el judaísmo, son idólatras y hay que matarlos aunque no se resistan al dominio judío. En Jerusalén, los estudiantes de los seminarios religiosos tienen una costumbre despreciable: orinan o defecan en las iglesias. Si vas allí y hablas con el personal de la iglesia, lo oirás en todas las iglesias. Escupir a los clérigos en la calle es algo que ocurre con regularidad. Si el sacerdote tiene la desfachatez de devolverle el golpe, darle una bofetada o algo similar, lo deportan tranquilamente. Le cancelan el permiso de residencia en el país. Si quieren justificar un pogromo, sólo tienen que decir las palabras "amenaza misionera".

Y desde esa perspectiva, el cristianismo, que es el archienemigo histórico del judaísmo, va a recibir una seria paliza una vez que los sionistas religiosos estén en el poder. Los fundamentalistas cristianos que les envían dinero aparentemente no entienden a lo que se enfrentan. Pero en realidad es un caso de "a pox on both your houses".

# Jabad: Lubavitch y el engaño de la profecía globalista (2018)

**Cuando Mike Pompeo dijo que Covid era una "simulación", Trump dijo: "Ojalá alguien me lo hubiera dicho". Su papel era fingir ser el "poli bueno" mientras daba la tienda a sus compañeros satánicos.**

**Por Ken S**

**El sitio web de Ken es Redefining God**

*https://redefininggod.com/*

Los miembros de Jabad y los Kushner tienen el oído de Trump

El montaje va más allá del mero lanzamiento del Nuevo Orden Mundial; es un montaje que en última instancia pretende cumplir artificialmente la profecía bíblica y simular una Segunda Venida de Cristo.

Este esquema de cumplimiento de la profecía es un proyecto de los banqueros centrales "judíos" cabalistas y sus socios de la familia real en el crimen, y está siendo orquestado por el culto "judío" cabalista Chabad Lubavitch.

Jabad es un frente religioso del Mossad, y se centra en producir el espectáculo globalista del Fin de los Tiempos. También tiene conexiones íntimas tanto con Donald Trump como con Vladimir Putin. De hecho, tanto Trump como Putin tienen grandes papeles dentro de su guión del Fin de los Tiempos.

Para el primer acto, Trump ha sido elegido para interpretar al "Moshiach ben Yosef" (el mesías precursor), y Putin ha sido elegido para interpretar al "Moshiach ben David" (el mesías principal).

Y en el segundo acto, el personaje de Putin hará la transición al papel de "Anticristo Final" del falso Jesús de los globalistas, el "Cristo-Cábala".

Con el fin de engañar al mundo para que acepte a su Cristo-Cábala como el verdadero Jesús, los globalistas están planeando cumplir artificialmente las profecías bíblicas DOS VECES.

El primer cumplimiento proporcionará el "engaño satánico" que esperan los cristianos, y el segundo proporcionará la "verdadera Segunda Venida" que también esperan.

Ambos cumplimientos contarán con un Cristo y un Anticristo. Ambos incluirán una Bestia de 7 cabezas y 10 cuernos que saldrá del Mar y una Bestia que saldrá de la Tierra para ayudar a la Bestia que saldrá del Mar. Y ambos tendrán Guerras Gog-Magog y Batallas de Armagedón. Pero ambos son falsos cumplimientos. Lo sé con certeza porque he observado a sus propagandistas preparando el terreno para ambos, y he documentado sus engaños en mi blog.

En el primer cumplimiento, los globalistas enfrentarán "al Anticristo estadounidense y su malvado NOM unilateral / unipolar" contra "el Cristo ruso y su benévolo NOM multilateral / multipolar".

El Cristo ruso será interpretado, por supuesto, por Vladimir Putin, y por eso se ha oído tanto en los medios alternativos controlados que Putin es "un buen cristiano que se ha levantado contra los satanistas occidentales y su NWO.

Durante el próximo conflicto de la Tercera Guerra Mundial en Corea, Oriente Medio y Ucrania, Putin derrotará a Occidente y transformará la ONU "dominada por Occidente" en el NOM multilateral / multipolar. Y para convencer a la gente de que están pasando por algo sobrenatural, los globalistas montarán un gran espectáculo con falsos asesinatos, falsas resurrecciones y falsos extraterrestres, todo ello posible gracias a la magia de Hollywood, la tecnología secuestrada y un presupuesto casi ilimitado.

Al final de este primer cumplimiento, la mayoría estará convencida de que Putin es el Mesías judío y cristiano, y que la "nueva y reformada" ONU/NWO es su reino democrático.

En el segundo cumplimiento, el Nuevo Orden Mundial de Putin se volverá bastante feo unos 3,5 años después de su lanzamiento, y quedará claro para todos que han sido "engañados por Satanás" para aceptar al Anticristo Final en lugar de Cristo. Después de 3,5 años más de "gran tribulación", Putin dirigirá su ejército de la ONU y amigos ET contra un segundo grupo de seres que llegan, el "verdadero Jesús" y sus ángeles.

Al final de este segundo cumplimiento, los globalistas esperan que todo el mundo compre y acepte al "verdadero Jesús" que presentaron. Y es a través de este falso Jesús testaferro que esperan gobernarnos como dioses en un mundo post-democrático del que son dueños.

# Libro Dos

## La farsa comunista-sionista de izquierda-derecha

## Trump y el Tag Team judío masónico

*A la izquierda, comandantes judíos comunistas del Gulag en la URSS. A la derecha, pioneros judíos sionistas en el kibutz Gan Shmuel en 1921. Ambos hacen la clásica señal masónica con la mano.*

**¿Qué lugar ocupa Donald Trump en el panorama general?**

**Trump es masón y criptojudío. La judería organizada no puede subyugar sola a la humanidad; necesita que los goyim destruyan entre sí.**

**Así, han creado dos equipos de etiqueta para dar guerra.**

A la izquierda tenemos a los judíos comunistas ("globalistas") atacan a los goyim socavando su identidad nacional, religiosa (moral), racial y familiar (de género). Sus herramientas incluyen las "vacunas" tóxicas, la geoingeniería, la cultura de la cancelación, la disforia de género (feminismo, homosexualidad) y la migración.

A la derecha, están los fascistas, nazis o judíos sionistas ("nacionalistas"), que parecen defender a los gentiles de esta embestida. Trump ganó dos (y probablemente tres) elecciones apelando a esta demografía.

Arnold J. Toynbee, propagandista de la facción comunista (globalista), escribió: "La culpa -o el mérito- de haber dado muerte a Jesús se atribuye en el Talmud a los judíos, no a los romanos" (p. 481.)

Toynbee añadió: "También ha existido el objetivo de convertir al mundo gentil al culto de Yahvé bajo la égida de un imperio mundial centrado en Eretz Israel y gobernado por 'el Ungido del Señor': un rey humano venidero de linaje davídico". (*Reconsideraciones*, 1961, p. 486)

Hay muchos indicios de que el nazismo fue financiado por judíos sionistas. Por ejemplo, el ex canciller alemán (1930-1932) Heinrich Bruning reveló las identidades de los patrocinadores de Hitler en una carta de 1937 a Winston Churchill: "No quise, ni quiero aún hoy por razones comprensibles, revelar que desde octubre de 1928 los dos mayores contribuyentes regulares al Partido Nazi fueron los directores generales de dos de los mayores bancos de Berlín, ambos de fe judía y uno de ellos el líder del sionismo en Alemania.

El comunismo y el sionismo son dos caras de la misma moneda y en última instancia representan lo , la tiranía del banco central judío masónico, el Orden Mundial Judío. Sin embargo, su conflicto parece real, al igual que el enfrentamiento entre la OTAN y Rusia en Ucrania.

En el número de enero/febrero de 2003 de *The Barnes* Review, el historiador nacionalista ruso Oleg Platonov afirmó rotundamente que Stalin había lanzado una gran ofensiva contra el sionismo.

Platonov escribió

> "El dominio judío-bolchevique sobre Rusia fue roto por Stalin que, en la segunda mitad de los años 30, llevó a cabo una contrarrevolución y despojó de su poder a los portadores de la ideología sionista
>
> En las décadas de 1930 y 1940, no menos de 800.000 bolcheviques judíos fueron aniquilados bajo el liderazgo de Stalin: la élite de la organización antirrusa que había transformar Rusia en un Estado judío. Casi todos los dirigentes judíos fueron purgados, y las posibilidades de que los restantes recuperaran el poder se redujeron al mínimo. Los últimos años de la vida de Stalin estuvieron dedicados al desarraigo del sionismo y a la liquidación de las organizaciones asociadas a él.

El Dr. Platonov añadió estos detalles de gran relevancia: Después de la muerte de Stalin, todo cambió abruptamente. El estado fue tomado por gente empeñada en la restauración del bolchevismo judío. El renacimiento del sionismo continuó durante todo el gobierno de N. S. Jruschov.

## ¿LA DIFERENCIA?

> "¿Cuál es la diferencia entre un estalinista y un trotskista? Algunos de te dirán: "Todos los comunistas son iguales."

> Michael Collins Piper escribe "...Un estalinista representa el nacionalismo ruso primordial. Un trotskista representa los intereses judíos internacionalistas de Nueva York"

La conspiración comunista mundial no es una conspiración rusa; es una conspiración judía estadounidense. Nueva York es el verdadero centro de la conspiración.

Piper subrayó que las viejas etiquetas de "derecha" e "izquierda" ya no tenían ningún significado real.

# Trump sufrió una caída en 2020, al igual que un luchador de la WWF

**Cómo DJT perdió la Casa Blanca en 2020. Donald Trump es un actor en un reality show político.**

**Tenía un camino claro para anular las elecciones amañadas, y no lo tomó. El sionismo y los comunistas son las alas derecha e izquierda de la masonería judía. El papel de los sionistas como Trump y Bolsonaro de Brasil es lanzar las elecciones a los comunistas**

La noche del viernes 18 de diciembre de 2020, Sydney Powell, Michael Flynn y Patrick Byrne mantuvieron una reunión informal con Donald Trump

Durante esta reunión, Powell y Flynn dijeron a Trump que podría impugnar con éxito el resultado de las elecciones basándose en dos Órdenes Ejecutivas activadas por pruebas de intervención extranjera en unas elecciones estadounidenses. Una había sido emitida por Obama y la otra por Trump.

Todo lo que se necesitaría para demostrar el chantaje era auditar seis condados clave. Describieron el en detalle. Trump quedó lo suficientemente impresionado como para nombrar a Sydney Powell su asesor especial en el acto.

El dramático relato lo hizo Byrne en un vídeo de 30 minutos. Trump fingió estar sorprendido por esta información. "¿Por qué no me hablaste de esto?", le reprochó a su abogado Pat Cippollone. "Lo único que haces es decirme lo que no puedo hacer. "¿Se dan cuenta de lo que podría haber conseguido si hubiera estado rodeado de otras personas?" apeló a sus tres invitados. Pero luego se suavizó: "Pero Pat es un amigo. Está bien".

## "RUDY, TIENE QUE SER RUDY

Rudy Giuliani también era "un amigo". Trump insistió en que Powell compartiera la responsabilidad con Giuliani, quien inmediatamente se peleó con Powell y discrepó en estrategia.

Trump parece un mafioso. La lealtad a los "amigos" prima sobre la defensa de la democracia. No esperes que un gángster tenga sentido histórico o principios. Eso se lo dio su escritor de discursos, Stephen Miller. Indultó a espías israelíes y criminales de Jabad, pero no a Julian Assange ni a Edward Snowden

**NEGACIÓN PLAUSIBLE**

Tan "leal" a sí mismo, ¿por qué se rodeó de "amigos" como éstos

Su jefe de gabinete Mark Meadows también era un traidor. Incluso Mike Pence lo debajo del autobús. Son sus amigos/manipuladores Illuminati (masones)

MAGA fue una farsa. Trump sirvió a un propósito, dividir a la nación. Luego, se hace la víctima, pretendiendo que no era responsable de las personas que eligió. Incluso sus tres designados a la Corte Suprema demostraron ser traidores.

Efectivamente, Sydney Powell fue abandonada a la semana siguiente. Claramente, Trump carecía de carácter para cumplir con su sagrada responsabilidad ante sus conciudadanos estadounidenses

Tenía un camino claro hacia la victoria y no lo tomó. Para alguien que se enorgullecía de ganar, definitivamente tuvo una caída

¿Por qué alguien esperaba que un gángster judío de Nueva York cumpliera sus promesas? Goyim, te han engañado una vez más.

# Trump es un agente del Mossad chantajeado sexualmente

El 26 de abril de 2016 una tal "Katie Johnson" presentó una denuncia por violación ante un Tribunal de California contra los acusados Donald Trump y Jeffrey Epstein.

"En el cuarto y último encuentro sexual con el demandado, Donald J. Trump, la demandante, Katie Johnson, fue atada a una cama por el demandado Trump, quien procedió a violar por la fuerza a la demandante Johnson. Durante el curso de este salvaje ataque sexual, la demandante Johnson suplicó en voz alta al acusado Trump que "por favor, se pusiera un preservativo".

El acusado Trump respondió golpeando violentamente al demandante Johnson en la cara con la mano abierta y gritando que "haría lo que quisiera" al negarse a llevar protección.

Tras alcanzar el orgasmo sexual, el Acusado, Donald J. Trump volvió a ponerse el traje y cuando la Demandante, Katie Johnson, entre lágrimas le preguntó al Acusado Trump qué pasaría si la hubiera dejado embarazada, el Acusado Trump cogió su cartera y le tiró algo de dinero y le gritó que usara el dinero "para hacerse un puto aborto"'.

Katie Johnson, a la derecha, de adolescente

El abogado de Nueva Jersey Thomas Francis Meagher revisó el caso de Johnson y lo presentó ante el Tribunal del Distrito Sur de Nueva York.

> "La demandante fue objeto de actos de violación, conducta sexual inapropiada, actos sexuales delictivos, abuso sexual, tocamientos forzados, agresión, lesiones, imposición intencionada e imprudente de angustia emocional, coacción, detención ilegal y amenazas de muerte y/o lesiones corporales graves por parte de los demandados, que tuvieron lugar en varias fiestas durante los meses de verano de 1994

> "Las fiestas fueron celebradas por el demandado Epstein en una residencia de la ciudad de Nueva York que estaba siendo utilizada por el demandado Epstein en 9 E. 71st St. en Manhattan [conocida como la Mansión Wexler]. Durante este periodo, la Demandante era una menor de 13 años.

Una presunta testigo, Tiffany Doe, de la violación mencionada, se presentó. Afirmó que Epstein le pagaba por atraer a chicas menores de edad a las fiestas de Epstein y sus amigos con el cebo de prometerles oportunidades como modelos.

> "Fue en esta serie de fiestas donde presencié personalmente cómo la demandante era obligada a realizar diversos actos sexuales con Donald J. Trump y el Sr. Epstein. Tanto el Sr. Trump como el Sr. Epstein fueron advertidos de que ella tenía 13 años.

*https://www.dailymail.co.uk/news/article-3894806/Woman-alleged-raped-Donald Trump-13-Jeffrey-Epstein-sex-party-DROPS-case-casting-doubt-truth-claims.html*

# La Guerra Fría surgió del comunismo: Cisma judío sionista

**En un documento de 1965, Louis Bielsky explicó que la Guerra Fría se debió a la determinación "nacionalista" de Stalin de usurpar el control de la hegemonía mundial judía (comunismo) a los banqueros "globalistas", es decir, los Rothschild de Londres y Nueva York.**

**A lo largo de la historia, el centro del poder judío ha ido de un lado a otro de Europa -Venecia, España, Holanda, Inglaterra (el Imperio "Británico")- y finalmente ha cruzado a América. ¿Puede entenderse la actual acritud contra Rusia en términos de la facción globalista atacando a la nacionalista? ¿Es real este conflicto o sólo una forma de controlar los acontecimientos mediante el control de ambas partes.**

**He aquí el trasfondo de esta aparente fisura en la estructura de poder judía. Biblioteca de Secretos Políticos: La garra israelita soviética estrangula a las naciones.**

## CONSECUENCIAS DEL CISMA JUDEO-STALINISTA POR LOUIS BIELSKY

La lucha entre Stalin y el Estado de Israel, al que había apoyado con entusiasmo, se produjo de la siguiente manera

Después de que los criptojudíos Roosevelt y Harry Salomon Truman entregaran Europa Oriental y China a su hermano israelita Stalin, de acuerdo con los planes hebreos de establecer la dictadura comunista en todo el mundo, las paranoicas aspiraciones de poder de Stalin le hicieron sentirse casi el amo del mundo, deseando convertirse, como dijimos, en el líder supremo del Judaísmo Internacional

Esto provocó, a finales de 1948, una ruptura entre Stalin y las comunidades judías estalinistas, por un lado, y el resto del judaísmo internacional, por otro

En este caso, las diferencias entre Stalin y el judaísmo internacional, que se discutían ... en el Sínodo Rabínico Universal secreto judío, llegaron al extremo de romper totalmente la unidad institucional del Israel Internacional.

Stalin y su secta secreta hicieron caso omiso de la autoridad del Congreso Judío Mundial y Bernard Baruch, sobre las comunidades israelitas de la Unión Soviética y de los Estados satélites rojos de Europa del Este. Al mismo tiempo, extendieron el cisma por todo el mundo, tratando de atraer hacia Stalin al mayor número posible de judíos.

En Rusia y en los Estados satélites pudo imponer el cisma por la fuerza brutal, asesinando o encarcelando a todo israelita que se le opusiera. Por el contrario, en el mundo libre, sólo fue posible atraer al estalinismo cismático a una pequeña minoría de judíos fanáticos y activistas. El resultado de este cisma temporal dentro del pueblo de Israel extendido por todo el mundo fue perjudicial para su empresa revolucionaria.

## LOS ORÍGENES DE LA "GUERRA FRÍA

En el nuevo Estado de Israel, los hebreos estalinistas intentaron controlar el gobierno, pero fracasaron. El Estado judío, así como el Movimiento Sionista Mundial, permanecieron en manos de los judíos leales al Congreso Judío Mundial de Nueva York y a su líder oculto, Bernard Baruch

Baruch utilizó el sionismo -que había recibido un gran apoyo de los dirigentes judíos soviéticos- como arma contra ellos, empujando así a los dirigentes israelitas del Kremlin a iniciar una guerra feroz contra el sionismo, contra el Estado de Israel, el Congreso Judío Mundial de Nueva York, la Orden B'nai-B'rith y contra el líder oculto de todo ello [Bernard Baruch era el George Soros de su época.

Al mismo tiempo, Stalin y sus seguidores hebreos también iniciaron ... una brutal persecución, no sólo contra los sionistas, sino contra los rabinos y líderes de la comunidad judía, que se eran leales al mando judío de Nueva York. Aquellos fueron reemplazados ... por rabinos y líderes de afiliación estalinista. Las cárceles estaban llenas de judíos anti-estalinistas y en estas circunstancias, muchos líderes hebreos y funcionarios del gobierno ... fueron asesinados

El poder judío de Nueva York reaccionó violentamente contra Stalin. Impusieron a su súbdito hebreo, el Presidente de los Estados Unidos, Harry Salomon Truman -y a los demás criptojudíos que controlaban o influían en los gobiernos de Inglaterra y otras potencias occidentales- el violento cambio en su política internacional que muchos aún no comprenden y que salvó al Mundo Libre de una inminente caída manos del comunismo, hacia el que el Mundo Libre estaba siendo conducido por la complicidad de Washington y Londres, controlados secretamente en aquel momento por la masonería y el judaísmo.

Truman y la banda hebrea que había entregado Europa Oriental y China a Stalin encabezaban ahora la lucha para impedir que éste lograra el control del mundo. A principios de 1949 se formó la OTAN (Organización del Tratado del Atlántico Norte), y más tarde la Alianza Mediterránea, así como las Alianzas de Bagdad y del Sudeste Asiático. La OEA, Organización de Estados Americanos, se convirtió prácticamente en una alianza anticomunista.

Así se creó la mayor red de alianzas de la historia de la Humanidad, -porque los dirigentes judíos mundiales recordaban las matanzas de judíos - trotskistas, zinovievistas, bujarinistas, etc. - llevadas a cabo por Stalin. Se sintieron en peligro de ser fusilados si no se preparaban para detener los tremendos avances de Stalin, a quien previamente habían apadrinado.

Antes de esto, Truman había planeado entregar la India y el norte de Japón a Stalin, pero estos acontecimientos impidieron tan gran crimen. Cuando se produjo esta ruptura del eje criptojudío Nueva York-Londres-Moscú, los judíos Truman y Marshall, que habían armado silenciosa y subrepticiamente al leal colaborador de Stalin, Mao Tse-Tung y habían hecho todo lo posible para acabar con Chiang Kai-Chek, no pudieron impedir que Stalin se apoderara de China.

Pero enviaron la Sexta Flota para impedir la caída de Formosa en manos de Mao, protegiendo así el último cuartel general del régimen nacionalista chino, aunque tampoco permitieron acciones ofensivas contra el régimen comunista.

Durante el período de este cisma judío transitorio, los dirigentes neoyorquinos del judaísmo internacional querían impedir que Stalin lograra el control mundial, pero no destruir el comunismo, porque eso significaría la destrucción de su propia obra y la pérdida de todo lo que la revolución mundial judía había ganado en 32 años...

# Haviv Schieber desenmascara el sionismo y la complicidad comunista

**Al igual que los judíos anticomunistas Henry Klein y Myron Fagan, Haviv Schieber ha sido arrojado por el agujero de la memoria. Haviv Schieber huyó a Palestina desde Polonia en 1937 y se unió al Irgun de Menachem Begin**

**Cuando fundó un partido sionista anticomunista, se convirtió en un anatema para los sionistas. Describe su persecución en su libro *Tierra Santa traicionada* (1987**

**Su abogada, Bella Dodd, luchó contra sus esfuerzos por deportarlo a Israel. Se cortó las venas en señal de protesta. Fue una causa célebre en los tiempos en que Estados Unidos tenía una prensa libre**

**Schieber descorrió el telón de la farsa comunista (izquierda) contra sionista (derecha). Reveló que Israel debía su existencia a Rusia. En la cima, el sionismo y el comunismo son rutas alternativas hacia el gobierno global de Rothschild**

**Y abogó por un estado palestino que incluyera a los palestinos por igual. Nunca verás una película genuinamente anticomunista (sobre Bella Dodd, por ejemplo) porque Estados Unidos está dirigido por judíos comunistas y masones**

Haviv Schieber, 1913-1987

> "El nazismo me hizo tener miedo de ser judío. El sionismo me hizo avergonzarme de ser judío". Haviv

Como saben mis lectores, los Rothschild controlan los acontecimientos utilizando dos cultos satánicos judíos masónicos aparentemente opuestos, el comunismo (izquierda) y el sionismo (derecha).

El ala sionista (derecha) es nacionalista, conservadora y promueve el Nuevo Orden Mundial a través de la guerra. El ala comunista es "progresista" (woke) y favorece la desintegración del Estado-nación mediante la migración, la ingeniería social y la represión.

Este conflicto se libra como si fuera real. Por ejemplo, en 1948 se evitó por los pelos una guerra civil después de que Ben Gurion ordenara el hundimiento de un barco del Irgun, el Altalena, que costó 35 muertos, cientos de heridos y toneladas de municiones perdidas. Begin dio marcha atrás en interés de la unidad judía porque, en última instancia, sionismo y comunismo son dos caras de la misma moneda

Avance rápido hasta hoy y Schieber habría estado alineado con Netanyahu y Trump, pero aún perseguido porque expuso el vínculo sionista con Rusia:

1) La URSS estuvo detrás de la creación de Israel. Al estallar la guerra de 1948, "los soviéticos acudieron una vez más en ayuda de sus hermanos marxistas. Envió a muchos oficiales de alto rango del Ejército Rojo para entrenar y dirigir al ejército israelí". (20)

2) Los soviéticos abrieron la puerta a la emigración judía a Israel y suministraron armamento muy necesario desde su satélite checo. Fingieron apoyar a los árabes y los incitaron con armas limitadas y promesas.

3) En cuanto a la Guerra de los Seis Días, los soviéticos animaron a Egipto a lanzar amenazas belicosas para parecer el agresor. Luego los soviéticos le dijeron a Nasser que se echara atrás. El ataque al USS Liberty fue un intento de bandera falsa para atraer a EEUU a la guerra.

En 1950, Schieber fundó la Liga Anticomunista de Israel, integrada por musulmanes, cristianos y judíos. "Debemos mostrar al mundo que no sólo hay judíos comunistas, sino también judíos anticomunistas". (29) Describe la colaboración sionista-nazi: "los sionistas de izquierda reprimieron todos los intentos de los guetos judíos alemanes de protestar y rebelarse contra Hitler... estaban mejor informados sobre los campos de concentración que el pueblo alemán pero no hicieron nada para impedirlo".

Por supuesto, los sionistas financiaron a Hitler para expulsar a los judíos alemanes a Israel. Schieber animó a sus seguidores con estas palabras: "Si alguien tiene la oportunidad de destruir el comunismo, son los judíos. Después de todo, somos los que lo empezamos y construimos". (52)

"Bella Dodd fue la única que comprendió la necesidad de crear una organización mundial... Hasta su muerte en 1969, estuvo profundamente implicada en mi causa". (53) Cuando el rabino Wise dijo que el comunismo es la realización del judaísmo, Schieber advirtió a los judíos que "estaban siendo perjudicados por las acciones de su liderazgo liberal marxista judío."

## CONCLUSIÓN

Schieber se convirtió al cristianismo y fue enterrado en un cementerio cristiano. *En Tierra Santa traicionada*, escribió su propio epitafio.

> "Toda mi vida me he dedicado con pasión al concepto de un Estado judío en Palestina... Me sentí asqueado por lo que había ocurrido. Mis sueños para ese Estado eran de dignidad, libertad y seguridad. En su lugar, se ve toda forma de degradación humana, corrupción, vicio y crimen. Los resultados del sionismo me revolvieron el estómago".
>
> "Creo que el Plan de Dios es éste: Israel debe desarmarse, abrir sus fronteras y adoptar un sistema de libre empresa. Sólo así podrá evitarse una destrucción masiva, que quizá implique una guerra nuclear mundial." (64)

Algunos judíos apoyaron a Schieber pero pidieron el anonimato. Los judíos son rehenes de las tenazas masónicas gemelas del sionismo y el comunismo, que ahora nos aprisionan a todos. Lo mismo se aplica a las personas bajo la esclavitud del Islam radical que fue creado por los masones para facilitar una tercera guerra mundial judía masónica.

# Israel e Irán están dirigidos por masones que planean la Tercera Guerra Mundial

**Para que no aplaudamos a rabiar a Irán, no caigamos en la farsa que es la 3ª Guerra Mundial. Los islamistas (Hamás) son el equivalente musulmán de los comunistas judíos.**

**Sionistas y comunistas son alas de la misma secta masónica. Sus dogmas no son más que un pretexto para robar a sus pueblos la libertad y la propiedad y fomentar guerras gratuitas.**

**Ahora se unen para destruirnos organizando una guerra nuclear. ¡La profecía de Pike se está haciendo realidad! Los líderes musulmanes y sionistas son literalmente agentes Illuminati.**

**Irán también está controlado por satanistas.**

**Albert Pike previó tres guerras mundiales**

Escrito por un iraní de 18 años y publicado el 4 de octubre de 2010.

Desde el comienzo de la revolución islámica, los puestos clave, como la judicatura, fueron entregados a mulás sin experiencia en la gestión del país. Comandantes del ejército, ingenieros y médicos de que se oponían al régimen fueron ahorcados por ser "enemigos de Alá".

La revolución islámica de Irán no tuvo nada que ver con el Islam. Como cualquier otra revolución de la historia reciente, su objetivo fundamental era entregar el poder a unos pocos individuos. En el caso de la revolución iraní de 1979, el Estado fue entregado al culto de Jomeini, un grupo de los Hermanos Musulmanes que tiene vínculos directos con agencias de inteligencia extranjeras.

No hay que ser tan ingenuo como para creer que Irán es una oposición contra el nuevo orden mundial. Me resulta muy difícil creer la idea de que los británicos, que combatieron a Mussadeq con tanto ahínco, de repente renunciarían al petróleo iraní y dejarían que los mulás se apoderaran de los recursos petrolíferos del país.

La verdadera historia es que los británicos instigaron la revolución islámica de Jomeini. El objetivo era controlar la energía de Irán debilitándolo (reduciendo a los iraníes al hambre) y destruir la sociedad religiosa y familiar iraní.

Parlamento iraní: una pirámide

Muchos de nuestros grandes ayatolás son también masones, miembros de la Hermandad Musulmana y tengo fuentes fiables que me dicen que hacen viajes a Londres cada pocos meses para recibir sus órdenes. Una de las figuras poderosas del régimen de culto de Irán es el ayatolá Mesbah Yazdi. Es el líder de una secta muy poderosa llamada la Escuela Haqqani.

Entre sus miembros se encuentran Mahmud Ahmadineyad (alumno aventajado de Mesbah), comandantes de la guardia revolucionaria, la milicia Basij, abogados, jueces y los directores de los principales periódicos...

Creo que la principal fuente de estos problemas es que nuestra sociedad y especialmente la generación joven ya no tienen fe en valores como la familia, la religión y el trabajo duro.

La causa es que la secta nos ha quitado nuestros derechos básicos y nos está alimentando con una versión del Islam que ha llevado a la destrucción de la religión y la sociedad.

No me cabe duda de que hay satanistas entre los maestros religiosos de Qom, ya que he oído muchas historias reales de abusos a menores. Nuestros ingenieros sociales mulás han confundido tanto a la población que ya no sabe lo que está bien y lo que está mal y, por lo tanto, está dispuesta a aceptar la toma del poder por el NOM.

# Los fanáticos religiosos han secuestrado Israel (y de EE.UU.)

**La única solución práctica al conflicto de Oriente Medio es la de dos Estados. Pero eso parece imposible, dado que 800.000 colonos viven en el sector palestino y no es probable que se trasladen. Añádase el complot para cumplir la profecía supremacista judía oculta, y la situación parece bastante sombría. El gobierno israelí está fuera de control y Occidente está controlado por ellos debido a su control del crédito.**

**Hay que congelar la espiral suicida e invertirla gradualmente. En última instancia todo esto es una farsa para justificar el caos, el sufrimiento y la despoblación. Ambos bandos están controlados por satanistas (masones.) El satanismo es la adoración de la Muerte y la Destrucción.**

*Los cuatro Jinetes del Apocalipsis*

Durante décadas, atacar Gaza ha sido el plan de Netanyahu para contrarrestar el descontento interno.

El libro de Haim Bresheeth-Zabner *An Army Like No Other* (2019) es una revelación. Establece que el genocidio de Gaza no es una aberración, sino la continuación de una política coherente de limpieza étnica y genocidio sobre la que se construyó el Estado de Israel.

De hecho, Benjamin Netanyahu tenía una política de masacrar a los gazatíes cada vez que había disturbios internos en Israel, como la oposición a sus "reformas judiciales" antes del 7 de octubre de 2023. Por ejemplo, en 2012 hubo protestas por el alto coste de la vida.

> "Netanyahu (que iba muy por detrás en las encuestas) decidió dar a la opinión pública su medicina favorita, un ataque a Gaza. El ataque a Gaza de 2012 puso fin a la protesta social y aupó de nuevo a Netanyahu a una posición de liderazgo. Aunque las tribus judías israelíes están profundamente divididas en muchos temas, la cuestión de la "seguridad" sirve como el adhesivo social más eficaz." (p.344)

Sólo una amenaza exterior puede mantener unido al país.

Aunque Israel habla de boquilla de una "solución de dos Estados", su objetivo siempre ha sido controlar Palestina desde "el mar hasta el río" y más allá.

Esto es más cierto ahora que los partidos que representan a los 800.000 "colonos" de Cisjordania han tomado el control del gobierno y de las FDI.

El trato de Israel a los palestinos siempre ha sido bárbaro. "Durante las fiestas navideñas de 2008, Israel penetró en Gaza con una fuerza descomunal. Murieron casi 1.500 palestinos, en su mayoría civiles, de los cuales más de 400 eran niños. La devastación en Gaza fue más intensa que en cualquier asalto de las FDI. Israel atacó las infraestructuras: los sistemas de electricidad, gas y agua, frágiles en Gaza en el mejor de los casos y ya afectados por el bloqueo que Israel anunció en 2006."

"En las dos siguientes incursiones en Gaza, durante noviembre de 2012 y julio-agosto de 2014, se superó el ya aterrador nivel de muerte y destrucción: las FDI mataron a 2.310 gazatíes en el verano de 2014 e hirieron a 10.626 personas. Franjas enteras de barrios de Gaza desaparecieron de la noche a la mañana, y más de 120.000 personas perdieron sus hogares. Las infraestructuras, parcialmente reparadas desde el último ataque, quedaron en ruinas." (322) Lo mismo hicieron con Beirut en 1982. De hecho, la doctrina de infligir una destrucción desproporcionada lleva el nombre de "Dahiya", el distrito de Beirut que Israel arrasó. (207)

Me impresionó la barbarie total y la falta de humanidad común de los israelíes, gente que se considera civilizada.

Occidente se ha subido a un barco que se hunde. Israel recibe el 55% de toda la ayuda militar estadounidense. Si comprendes el fanatismo de los dirigentes israelíes, te das cuenta de que no hay esperanza de paz.

El liderazgo procede del elemento más fanático de la sociedad israelí, los colonos. La población que más crece son los heredíes o judíos ortodoxos que no contribuyen en nada pero exigen todo tipo de subvenciones y privilegios. Apoyan la expulsión o liquidación de los palestinos.

HB-Z explica que la guerra es el pan de cada día de Israel. Las FDI son la institución más rica del país. Más del 20% de la población trabaja para él o para el complejo militar industrial que fomenta. Han creado una sociedad que "se alimenta de la agresión, prosperando gracias a ella". (198)

Aunque los sionistas hablen de compromiso, no lo habrá. La única forma de detener el genocidio es derrotar a Israel en combate.

Relacionado: *El descenso de Israel a un abismo* moral (En línea o en Illuminati I)

# Henry Klein El sionismo es la maldición de los judíos

**Henry Klein (1879-1955) representaba a la mayoría de los judíos que sólo querían asimilarse. Sin embargo, como explicó en este ensayo de 1945, los banqueros los necesitaban para lograr la tiranía del gobierno mundial.**

**Como resultado, los judíos han sido engañados para promover el "globalismo" y sin duda ellos y no los masones serán culpados por ello.**

**La mayoría de los judíos no son conscientes de que están siendo utilizados en un complot diabólico. Son más eficaces como "idiotas útiles".**

**por Henry Klein**

" Zionism is a political program for the conquest of the world. "

" Zionism destroyed Russia by violence as a warning to other nations. It is destroying the United States through bankruptcy, as Lenin advised. Zionism wants another world war if necessary to enslave the people. Our manpower is scattered over the world. Will we be destroyed from within or will we wake up in time to prevent it?" - "

Henry Klein (1879-1955)

Klein is another American hero flushed down the memory hole for defying the Rothschild - Rockefeller cartel.

smoloko.com

"Haz que los judíos tomen conciencia del mundo, dicen sus líderes. Que sueñen con Palestina y con un Estado mundial. Que no se conviertan en nacionalistas de pensamiento. Que no se consideren ciudadanos de ninguna nación excepto de la nación soñada por los judíos en Palestina.

Hacedlos internacionalistas".

Eso es lo que hicieron con los judíos de Rusia y de otros lugares de Europa; eso es lo que están haciendo con la mayoría de los judíos de Estados Unidos. El principal medio a través del cual se está haciendo esto es el sionismo político.

¿Qué es el sionismo político? En mi opinión, es la maldición de la judería. Lo que una vez fue un hermoso sueño para los judíos ortodoxos que quisieran pasar sus últimos años en Palestina, se ha convertido en una escabrosa pesadilla que amenaza con la extinción de judíos, cristianos y mahometanos por igual.

Los principales judíos de Estados Unidos se opusieron en su día al sionismo político y a una nación judía en Palestina. ...Tras la revolución de 1917, defender el sionismo en Rusia era un delito capital. El sionismo se consideraba hostil a la filosofía económica y política del comunismo en el sentido de que producía un Estado dentro de otro Estado.

Los principales judíos estadounidenses pensaban que los judíos debían ser leales a Estados Unidos y no a una nación independiente. Finalmente, estos judíos líderes cambiaron de opinión. Adoptaron la noción que una vez condenaron; no porque creyeran que los judíos estadounidenses querían ir a Palestina, sino porque fueron inducidos a creer que una nación judía en Palestina era un símbolo del poder mundial judío y ellos favorecían tal poder. No se daban cuenta de que el poder político judío se había roto como consecuencia del asesinato de Jesús.

La declaración Balfour de 1917 dio un gran impulso al sionismo. Gran Bretaña prometió a los judíos una "patria" en Palestina. A cambio, los sionistas políticos ayudaron a arrastrar a Estados Unidos a la primera guerra mundial. Gran Bretaña también había prometido a los árabes la autodeterminación y la protección en Palestina, contra los turcos, dos años antes.

Una "patria" no se interpretaba entonces como un Estado judío. Esa interpretación la han dado quienes han hecho del sionismo un negocio y sueñan con un recrudecimiento del poder mundial para los judíos. Los judíos en masa no tienen ese sueño ni esa ambición. Se contentan con vivir en paz y felicidad donde están. No desean regresar a Palestina ni dominar el mundo. Sólo un puñado tiene esa manía.

A muchos judíos que ahora viven en Palestina les gustaría irse de allí si pudieran.

¿A qué ha conducido el sionismo político? Ha conducido a la recaudación de enormes sumas de dinero de judíos de todo el mundo. Ha llevado a la creación de organizaciones pro-sionistas en la mayoría de los países. Ha llevado a la matanza de judíos en Europa y a la amenaza de revuelta de los musulmanes contra judíos y cristianos, aunque hay muchos cristianos árabes...

Los musulmanes conocen los Protocolos. Llevan leyéndolos y estudiándolos al menos una generación y el conocimiento de su contenido ha suscitado el odio entre ellos.

Sus representantes protestaron en San Francisco contra la concesión a los judíos de más derechos en Palestina y protestaron varias veces ante el gobierno británico. Protestaron ante el Presidente Roosevelt. Saben que los sionistas políticos están forzando su programa a pesar de todas sus protestas, y advierten que cualquier paso abierto para establecer un estado judío en Palestina con o sin la ayuda de cualquier nación, se encontrara con una violenta oposición de su parte. Están en contra de un estado judío así como del poder mundial judío y se proponen detener ambos.

Advierto al pueblo judío que preste atención a las amenazas musulmanas. Detengan la locura del Sanedrín y el chanchullo y la propaganda de los sionistas políticos. Constituyen el veneno en la copa de los judíos.

# Libro tercero

## Historia oculta

# El Vaticano aceptó la hegemonía judía en 1890

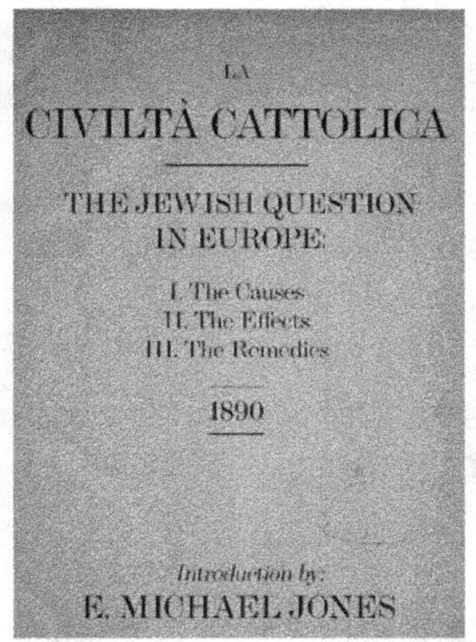


*La Civilta Cattolica* (*Civilización* católica, en italiano) es una publicación periódica publicada sin interrupciones por los jesuitas en Roma, Italia, desde 1850, y se cuenta entre las más antiguas de las publicaciones periódicas católicas italianas.

**Una publicación del Vaticano pone en perspectiva el Nuevo Orden Mundial.**

***"El instrumento elegido por el Cielo para castigar al cristianismo degenerado de nuestro tiempo son los hebreos.***

**Tenemos que remontarnos a 1890 para comprender** lo que ha ocurrido. Un artículo del periódico oficial del Vaticano *La Civilta Cattolica* del 23 de octubre de 1890 revela cómo percibían los católicos a los judíos hace 135 años. El artículo confirma que la humanidad ha sido colonizada por un culto satánico, el judaísmo cabalista gracias en parte a la masonería, que es la cábala judía para gentiles. La sociedad está, en efecto, "satánicamente poseída".

El artículo de 1890 comienza denunciando la "invasión de israelitas en todos los sectores de la vida pública y social" en Europa y Rusia.

Los cristianos se unen para detener "la propagación de esta plaga" y "sus consecuencias más perniciosas".

> "Una vez adquirida la libertad civil absoluta y la igualdad en todas las esferas con los cristianos y las naciones, el dique que antes había retenido a los hebreos se abrió para ellos, y en poco tiempo, como un torrente devastador, penetraron y se apoderaron astutamente de todo: el oro, el comercio, la bolsa, los más altos cargos en las administraciones políticas, en el ejército y en la diplomacia; la educación pública, la prensa, todo cayó en sus manos o en las de aquellos que inevitablemente dependían de ellos... las propias leyes e instituciones de los estados impiden a la sociedad cristiana desprenderse del yugo de la audacia hebrea, impuesto bajo la apariencia de libertad."

El artículo establece claramente las malévolas intenciones de los dirigentes judíos. Los que gritan "odio" son en realidad los verdaderos odiadores. Su objetivo - "el exterminio de la civilización cristiana" - casi se ha logrado.

El Talmud considera que todos los no judíos son infrahumanos, es decir, bestias. Los judíos se ven a sí mismos como "la raza más elevada de la humanidad" con derecho a "reclamar todas las riquezas del universo...". Su Mesías debe ser "un gran conquistador que ponga a las naciones bajo el yugo de los judíos". (Aquí es donde Cristo fracasó).

El Talmud "enseña que un israelita es más agradable a Dios que los ángeles del paraíso; que golpear a un judío es golpear a Dios..."

Los judíos corrientes como yo no sabemos nada del Talmud y no compartimos estos puntos de vista. Sin embargo, informan la agenda genocida del NOM.

El artículo atribuye el antisemitismo a esta demente megalomanía judía, a la inmoralidad judía y a su "insaciable apetito por enriquecerse mediante la usura..."

**"REMEDIOS"**

El autor lucha con el problema de cómo defender la civilización cristiana cuando todas las instituciones sociales -gobierno, medios de comunicación, educación y economía- han sido tomadas por los banqueros judíos Illuminati y sus agentes judíos y masones.

Los hebreos "son una plaga para la sociedad cristiana". La guerra está justificada. Por desgracia, el cristiano carece de los medios necesarios y de crueldad. No desea "recurrir al derramamiento de sangre".

La riqueza judía debe ser confiscada y los judíos deben ser expulsados:

> "Es absolutamente legítimo... que la nación saqueada recupere las ganancias mal habidas de los ladrones... El oro es el arma más poderosa con la que los judíos exterminan la religión y oprimen al pueblo; ...uno tiene al menos el derecho de arrebatarles esta arma".

Los judíos deberían ser considerados extranjeros y prohibírseles poseer tierras de labranza, que están cayendo rápidamente en sus manos. Pero el autor permite que puedan seguir poseyendo propiedades urbanas.

El autor reconoce que no todos los hebreos son "ladrones, tramposos, usureros, masones, canallas y corruptores de costumbres... un cierto número no es cómplice de las supercherías de los demás". ¿Cómo podrían estos inocentes ser "incluidos en el castigo"? El autor aduce contraargumentos según los cuales la urgencia de la situación debe superar todos los reparos.

Luego da un giro de 180 grados y dice: "Incluso suponiendo que el remedio del destierro universal de los hebreos fuera factible ahora, no concordaría con la forma de pensar y actuar de la Iglesia romana."

Europa se convertirá en "una sola y enorme plantación explotada por los judíos mediante el trabajo y el sudor de los cristianos reducidos a la esclavitud."

Esta visión del Nuevo Orden Mundial tiene 135 años.

Ver: *Manifiesto Antijudío de Dresde - Los Gentiles Concedieron la Derrota en 1882* Online o en *Illuminati 3*

# Asesinato masónico hace 109 años

**El 1 de julio de 1916, el general Douglas Haig**, masón, inició la batalla del Somme, que en noviembre causó la muerte de un millón de patriotas británicos cristianos en la flor de la vida.

Padres, hijos, maridos, hermanos, amantes.

La guerra es una artimaña mediante la cual la élite satánica globalista mata a los patriotas con el pretexto del deber nacional.

Ametralladora alemana: "Cuando empezamos a disparar, sólo teníamos que cargar y recargar. Cayeron a cientos. No teníamos que apuntar, sólo disparábamos contra ellos".

Alrededor de 10 millones de soldados murieron en batalla en ambos bandos en la Primera Guerra Mundial, una de las guerras más costosas de la historia. La matanza innecesaria en la guerra de trincheras suele ser retratada por los medios de comunicación y el sistema educativo controlados por los masones como una consecuencia no intencionada.

De hecho, estas guerras son orquestadas por los banqueros judíos Illuminati y sus secuaces masones para matar cristianos con el fin de degradar la civilización occidental en avance del satánico NWO que ahora se manifiesta claramente.

Todas las guerras están diseñadas para enriquecer y dar poder a los banqueros mientras destruyen y desmoralizan a la humanidad. El "patriotismo" belicista es una artimaña de . Cuanto antes los crédulos no satanistas dejen de caer sobre una espada, mejor.

Voy a centrarme en la Batalla del Somme, una de las mayores batallas de la Primera Guerra Mundial. Mi información se basa en la obra de John Laffin *British Butchers and Bunglers of World War* One, (1988, p. 63 y siguientes).

Tanto el General Douglas Haig, Comandante en Jefe del Frente Occidental, como su principal coplanificador, Sir Henry Rawlinson, eran masones. La ofensiva del Somme ("El Gran Empuje") pretendía poner fin al estancamiento y ganar la guerra. Los Aliados contaban con 700.000 hombres, una superioridad numérica de 7-1. Haig y Rawlinson preveían perder 500.000 hombres.

El plan era sencillo: Bombardear a los alemanes durante cinco días y cinco noches y luego caminar hasta la trinchera enemiga y matar a los soldados restantes o capturar a los que se rindieran. Sin embargo, tras 5 días de bombardeos, las trincheras alemanas y sus defensas apenas sufrieron rasguños. Los ingleses descuidaron el reconocimiento o la observación desde el aire. Los alemanes sólo tuvieron que disparar sus ametralladoras, recargar y volver a disparar. El mismo tipo de ataque continuó desde el 1 de julio hasta noviembre de 1916. Murieron más de un millón de hombres; 58.000 el primer día.

El 1 de julio de 1916, 11 divisiones británicas atacaron en un frente de 13 millas. A las 7.30 de la mañana, las seis divisiones alemanas terminaron de desayunar, se limpiaron la cara con sus servilletas y sacaron sus ametralladoras de cómodos y profundos sótanos. Empezaron a rociar a los atacantes que avanzaban en filas ordenadas, "para mantener el orden".

Un ametrallador alemán escribió:

> "Nos sorprendió verlos caminar; nunca lo habíamos visto antes. Los oficiales iban delante. Uno llevaba un bastón... Cuando empezamos a disparar, sólo teníamos que cargar y recargar. Cayeron a cientos. No teníamos que apuntar, simplemente disparábamos contra ellos. "

Un oficial alemán informó de su impresión del ataque. "Secciones enteras parecían caer. A lo largo de toda la línea se podía ver a ingleses que levantaban los brazos y se desplomaban para no volver a moverse. Los heridos de muerte se revolcaban en agonía, mientras que los heridos graves se arrastraban hacia los agujeros de los proyectiles en busca de refugio. "

John Laffin: "De los 110.000 hombres que atacaron, 60.000 murieron o resultaron heridos ese único día. Unos 20.000 yacían muertos entre las líneas. Haig y Rawlinson fueron los responsables directos de que el bombardeo asumido cortara el alambre de espino y dejara vulnerables a los alemanes. Los alemanes perdieron unos 8000 hombres el 1 de julio. 2000 fueron hechos prisioneros". (64)

Un hospital atendió a 10.000 heridos en las primeras 48 horas. Un cirujano escribió:

> "Filas de ambulancias de una milla de largo esperaban a ser descargadas. Toda el área del campamento, un campo de seis acres, estaba completamente cubierta de camillas colocadas una al lado de la otra, cada una con su hombre sufriente o moribundo. Los cirujanos nos afanábamos en el quirófano, un buen barracón con cuatro mesas. De vez en cuando echábamos un breve vistazo a nuestro alrededor para seleccionar de entre los miles de pacientes a los pocos que teníamos tiempo de salvar. Era terrible. (73) El cronista de Haig, el coronel Boraston, escribió que el ataque "confirmó las conclusiones del Alto Mando británico y justificó ampliamente los métodos tácticos empleados". (Sin duda estos hombres eran todos masones).

Laffin escribe:

> "Es una afirmación escandalosa. Es más exacto llamar al 1 de julio de 1916, como hace H. L'Etang, 'probablemente el mayor desastre para las armas británicas desde Hastings... Ciertamente nunca antes ni después se ha visto tal carnicería sin sentido...'.

Laffin lamenta la total "ausencia de inteligencia" en la estrategia militar. Subraya que "las altas bajas eran una regla básica del juego y simplemente había que aceptarlas". (76)

¿Quién sabe cómo sería el mundo si la flor y nata de aquella generación de cristianos no hubiera sido pisoteada en el barro de Francia en 1915-18?

Sencillamente, no hay explicación para enviar oleada tras oleada de hombres a su matanza si no es que ése era el objetivo deliberado. Cualquier general en su sano juicio habría detenido el ataque en cuanto se hubiera hecho evidente que la estrategia era un fracaso.

La sociedad occidental está controlada por una secta satánica cuyo objetivo es esclavizar a la humanidad. Es hora de que dejemos de ser cómplices de nuestra propia destrucción.

# Genocidio: La gripe española causada deliberadamente por las vacunas

*Swine Flu Expose* - un libro de Eleanora I. McBean, Ph.D., N.D.

*http://www.whale.to/a/mcbean2.html*

**Se calcula que la Primera Guerra Mundial se cobró 16 millones de vidas. La epidemia de gripe que asoló el mundo en 1918-1920 mató a unos 50 millones de personas. Una quinta parte de la población mundial fue atacada por este virus mortal. En pocos meses, había matado a más personas que cualquier otra enfermedad registrada en la historia.**

**"FUI OBSERVADOR IN SITU DE LA EPIDEMIA DE GRIPE DE 1918"**

Todos los médicos y las personas que vivían en la época de la epidemia de gripe española de 1918 dicen que fue la enfermedad más terrible que ha tenido el mundo. Hombres fuertes, sanos y vigorosos, un día estaban muertos al siguiente.

La enfermedad tenía las características de la muerte negra sumadas al tifus, la difteria, la neumonía, la viruela, la parálisis y todas las enfermedades de las que se había vacunado a la población inmediatamente después de la Guerra Mundial.

1. Prácticamente toda la población había sido inyectada "sembrada" con una docena o más de enfermedades - o sueros tóxicos. Cuando todas esas enfermedades provocadas por los médicos empezaron a brotar a la vez fue trágico.

Esa pandemia se prolongó durante dos años, manteniéndose viva con la adición de más medicamentos venenosos administrados por los médicos que trataban de suprimir los síntomas. Por lo que pude averiguar en , la gripe sólo afectó a los vacunados. Los que habían rechazado las vacunas escaparon a la gripe. Mi familia había rechazado todas las vacunas, por lo que siempre estuvimos bien. Sabíamos por las enseñanzas sanitarias de Graham, Trail, Tilden y otros, que la gente no puede contaminar el cuerpo con venenos sin causar enfermedad.

Cuando la gripe estaba en su punto álgido, todas las tiendas estaban cerradas, así como las escuelas, las empresas e incluso el hospital, ya que los médicos y las enfermeras también se habían vacunado y estaban enfermos de gripe. Nadie salía a la calle. Era como una ciudad fantasma. Parecíamos ser la única familia que no había contraído la gripe, así que mis padres iban de casa en casa haciendo lo que podían para atender a los enfermos, ya que entonces era imposible conseguir un médico.

Si fuera posible que los gérmenes, bacterias, virus o bacilos causaran enfermedades, tuvieron muchas oportunidades de atacar a mis padres cuando pasaban muchas horas al día en las habitaciones de los enfermos. Pero ellos no contrajeron la gripe y no trajeron ningún germen a casa para atacarnos a los niños y causarnos nada. Ningún miembro de nuestra familia tuvo gripe, ni siquiera un resfriado, y eso que era invierno y había mucha nieve en el suelo.

Cuando veo a la gente encogerse cuando alguien cercano estornuda o tose, me pregunto cuánto tardarán en descubrir que no pueden contagiarse, sea lo que sea. La única forma de contraer una enfermedad es desarrollarla uno mismo por comer mal, beber, fumar o hacer otras cosas que causan envenenamiento interno y reducen la vitalidad. Todas las enfermedades se pueden prevenir y la mayoría de ellas se pueden curar con los métodos adecuados, que no conocen los médicos, y que tampoco conocen todos los médicos sin medicamentos.

Se ha dicho que la epidemia de gripe de 1918 mató a 20.000.000 de personas en todo el mundo. Pero, en realidad, fueron los médicos quienes las mataron con sus toscos y mortíferos tratamientos y fármacos. Es una acusación dura, pero no deja de ser cierta, a juzgar por el éxito de los médicos sin fármacos en comparación con el de los médicos con fármacos.

Mientras los médicos y los hospitales médicos perdían el 33% de sus casos de gripe, los hospitales no médicos como *Battle Creek, Kellogg y MacFadden's Health Restorium* conseguían curaciones de casi el 100% con sus curas de agua, baños, enemas, etc., ayunos y otros métodos curativos sencillos, seguidos de dietas cuidadosamente elaboradas de alimentos naturales. Un médico de la salud no perdió un paciente en ocho años.

Si los médicos hubieran estado tan avanzados como los médicos sin fármacos, no se habrían producido esos 20 millones de muertes por el tratamiento médico de la gripe.

Había siete veces más enfermedades entre los soldados vacunados que entre los civiles no vacunados, y las enfermedades eran aquellas contra las que habían sido vacunados.

Un soldado que había regresado de ultramar en 1912 me contó que los hospitales del ejército estaban llenos de casos de parálisis infantil y se preguntaba por qué hombres adultos tenían una enfermedad infantil.

Ahora sabemos que la parálisis es una secuela común de la intoxicación por vacunas. Los de casa no sufrieron la parálisis hasta después de la campaña mundial de vacunación de 1918.

# Hitler: Israel es el cuartel general del futuro Estado mundial judío

**Otto Wagener dirigió brevemente las SA nazis y fue el compañero constante de Hitler en 1930-1932. Las memorias de Wagener revelan que Hitler comprendía claramente la conspiración de la banca judía masónica y, sin embargo, optó por servirla.**

**Atacó su apéndice (la URSS) en lugar de su corazón, la City de Londres. Esto es una prueba más de que Hitler era un agente de los Illuminati y una falsa oposición.**

**"En los años 1931 y 1932 acompañé a Hitler en la mayoría de sus frecuentes viajes. En 1931, el primer año de mi matrimonio, pasé sólo 42 días en Munich. Todo el resto del tiempo, viajaba con Hitler, normalmente en coche...**

**Alemania" era nuestro único pensamiento: el volk alemán y el futuro alemán". (177)**

**Según Otto Wagener** (1888-1971), Hitler dijo en 1932 que los judíos no querían Israel como "patria" sino como "cuartel general judío mundial".

Tenían "la intención, con el tiempo, (de utilizar su) poder financiero internacional - para apoderarse del control absoluto de los destinos de todos los pueblos del mundo."

Dijo que el objetivo final era "la expansión de la Sociedad de Naciones en una especie de Estado mundial".

> "Entonces, si este estado mundial (fuera) capaz de ejercer el poder militar... como una policía mundial - entonces Judá finalmente habrá estabilizado su poder financiero en el mundo".
>
> "(Esto será) garantizado y asegurado por la... fuerza militar internacional en la que los oprimidos Otto Wagener (1888-1971) son reclutados para servir a sus opresores. Ese es el significado de Palestina".

Dijo que así se cumpliría la promesa del Antiguo Testamento:

> "'Todas las naciones se someterán a ti, sus reyes te servirán'".

Dijo,

> "Este poder financiero se rompería de una vez por todas con nuestra idea de (imprimir) moneda" pero la judería mundial y sus innumerables aliados en la industria y el comercio se opondrán a esta medida. Por eso Hitler juró a sus confidentes guardar el secreto". (Citas anteriores, pp. 187-188)

## LA OPOSICIÓN DE HITLER ES SOSPECHOSA

La oposición de Hitler a la agenda de los banqueros es cuestionable. Sabía que el Imperio Británico era el instrumento de la conspiración judía masónica mundial. Comparó a Gran Bretaña con una empresa privada: "El consejo de administración es el gobierno - o más bien, la organización de logias masónicas detrás del gobierno". (154)

*Los Protocolos de Sion* contaban a Hitler que los masones eran recaderos de los satanistas judíos.

Hitler sabía que el comunismo soviético es cabalismo judío, es decir, satanismo, masonería. Sabía que la URSS fue establecida por la masonería británica y estadounidense. Sin embargo, insistió en que Alemania e Inglaterra eran aliados naturales en la guerra contra el comunismo. Le dijo a Wagener:

> "Inglaterra también reconoce el peligro que representa Rusia. Inglaterra necesita una espada en el continente. Así pues, nuestros intereses son los mismos; sí, incluso dependemos el uno del otro.
>
> Si somos invadidos por el bolchevismo, Inglaterra caerá también. Pero juntos somos suficientemente fuertes para contrarrestar el peligro internacional del bolchevismo." (157)

Wagener, lamentó que Hitler no reconociera que Inglaterra consideraría una amenaza a una Alemania fortalecida y pondría su peso con Rusia en lugar de contra ella. Hitler seguía insistiendo en el vínculo racial entre Alemania e Inglaterra a pesar de las pruebas del mestizaje judío con la aristocracia inglesa. Eran en parte judíos, igual que él.

Sabía que Rusia es una entidad judeo-masónica: "La Alemania Nacional Socialista no puede entrar en alianzas con Rusia. Más bien, ¡veo la determinación de la judería de utilizar a Rusia como trampolín desde el cual dirigir la eliminación del orden existente también en otras naciones! ...la Comintern es puramente judía". (167)

Hitler no reconoció que el Reino Unido y Estados Unidos ya habían sucumbido. Su obtusidad puede deberse al hecho de que estaba financiado por los mismos banqueros judíos masones de Londres y Nueva York contra los que despotricaba.

En ediciones anteriores de Illuminati, y en mi sitio web, enumero algunos artículos que apoyan mi opinión de que Hitler era una falsa oposición. Su papel era ahuyentar toda oposición a la dominación mundial satánica y llevarla a la destrucción. Él fue capaz de desempeñar este papel con eficacia porque, sospecho, que era una personalidad múltiple. Puede que le lavaran el cerebro por trauma en Tavistock durante un periodo de ocho meses en 1912.

(Ver *Hitler era un agente de los Illuminati* en línea o en *Illuminati I*)

Wagener era un auténtico patriota alemán, no un oportunista y traidor como Hitler. Planteó contradicciones e hizo preguntas embarazosas sobre las finanzas de Hitler y Goering. Estuvo a punto de ser asesinado durante la purga de las SA de 1934. Por casualidad, el camión que le llevaba a él y a otros veteranos de las SA a su ejecución se averió y fueron trasladados a una cárcel.

Sus amigos consiguieron liberarlo. Wagener sirvió posteriormente en la Wehrmacht y alcanzó el rango de General de División. Estuvo internado entre 1945 y 1952, cuando escribió sus memorias. Expresan un nivel de inteligencia y cultura poco frecuente hoy en día.

En conclusión, en mayo-junio de 1940 Inglaterra estaba postrada. Hitler tuvo la oportunidad de arrancar el corazón del monopolio monetario judío masónico que mantiene a la humanidad esclavizada. En lugar de ello permitió que 330.000 soldados británicos y aliados escaparan en Dunkerque, prueba de que él era su agente, no su némesis.

# Los nazis rescataron a un rabino de Jabad de la Varsovia de la guerra

**¿Es un culto supremacista judío satanista llamado Jabad, la "cabeza de la serpiente Illuminati"?**

**El trato VIP dispensado a su líder sugiere que sí.**

**En enero de 1940, la Gestapo** se quedó perpleja al ver a un grupo de 18 judíos ortodoxos viajando en primera clase en un tren de Varsovia a Berlín.

Frierdiger Rebe

Sus escoltas de la Abwehr explicaron que estaban bajo "plena protección diplomática".

El grupo estaba formado por Josef Yitzhak Schneerson, a la derecha, el líder dinástico del movimiento Jabad Lubavitcher, su familia y su personal. Quería llevar su biblioteca de 40.000 volúmenes, pero el coronel del Abwehr Ernst Bloch, que era medio judío, lo consideró poco práctico.

Desde Berlín viajaron en primera clase a Riga (Letonia) y luego a Estocolmo, donde embarcaron rumbo a Estados Unidos, donde llegaron en marzo de 1940. La "fuga" está documentada en el libro *Rescued from the Reich* (2004), de Bryan Mark Rigg, doctorado en Cambridge y profesor de la American Military University.

> "Irónicamente, sin el rescate de Rabi Schneersohn, el rescate de su yerno y el siguiente Rabi Menajem Mendel Schneersohn no hubiera sucedido. Trabajando con el gobierno y los contactos dentro del Departamento de Estado de los EE.UU., Jabad fue capaz de salvar a Menajem Mendel de la Francia de Vichy en 1941 antes de que se cerraran las fronteras." (Wikipedia)

Este rescate contradice la narrativa de que los nazis eran antisemitas decididos a exterminar a los judíos europeos. Por el contrario, apoya la opinión de que la Jabad es, en palabras de Tim Fitzpatrick, "la cabeza de la serpiente Illuminati" que ejerce un increíble poder invisible sobre los acontecimientos mundiales. Apoya la opinión de que los banqueros judíos Illuminati, que al igual que la Jabad son satanistas cabalistas, diseñaron la Segunda Guerra Mundial para destruir Alemania y proporcionar un pretexto (el asesinato en masa de judíos principalmente asimilados) para el establecimiento del Estado de Israel.

Almirante Wilhelm Canaris

El rescate de Schneerson fue tramado por el almirante Wilhelm Canaris que era masón (cabalista) y posiblemente criptojudío. Canaris estaba al tanto del guión y, en el apogeo del éxito nazi en agosto de 1940 advirtió al ministro rumano Michael Sturdza (y más tarde al general Franco) que Alemania iba a perder la guerra.

El Departamento de Estado de los EE.UU., un bastión Illuminati, fue parte de la conspiración para sacrificar a millones de judíos para justificar la creación de Israel. Sin embargo, hicieron una excepción con el rabino Schneerson y su partido. ¿Por qué? Porque los Jabad eran cómplices o responsables.

Bryan Rigg escribe: "Los funcionarios estadounidenses no sólo no respondieron a las miles de súplicas desesperadas de judíos europeos que deseaban escapar a Estados Unidos, sino tampoco a la petición de la propia Alemania en la Conferencia de Evian de 1938 de que se les permitiera emigrar. Hicieron falta políticos extremadamente influyentes, entre ellos el Secretario de Estado Cordell Hull y el jefe adjunto de la División de Asuntos Europeos del Departamento de

Estado Robert T. Pell, junto con el Director General de Correos James A. Farley, el Juez Louis Brandeis, el Senador Robert Wagner, el Fiscal General Benjamin Cohen y varios otros, para dirigir el caso del Rebe Schneersohn a través del burocrático Triángulo de las Bermudas. Sin un lobby tan poderoso y persistente en Washington, ¿qué oportunidades habría tenido el judío europeo medio de llegar a América?". (p. 197)

## EL MEMORÁNDUM HOYER

En su libro, *The New Underworld Order*, (2007) Christopher Story (1938-2010) sostuvo que "el peor enemigo de los judíos son otros judíos". Los judíos nazis (es decir, cabalistas) ayudaron a diseñar el Holocausto. Citó un informe de 1952 del general de las SS Horst Hoyer que sugiere que el rescate de Schneerson por los nazis no fue único.

> "Tras una reunión con el Consejo de Ancianos Judíos a cargo del Gueto de Varsovia, un ordenanza anunció: "¡Oficiales! ¡Líderes! Los caballeros han llegado". Unos dieciséis o diecisiete judíos de aspecto serio fueron introducidos, presentados y tomaron asiento alrededor de una gran mesa ovalada. En una breve hora festiva, se dio reconocimiento a estos judíos con certificados personalizados (en papel duro blanco, de 40 por 40 cm). A la izquierda había una gran insignia nacional dorada con letras en gótico y un sello con la firma original de Adolf Hitler".
>
> "Estos certificados aseguraban la plena protección de estos judíos, sus familias y propiedades por parte del Gran Reich alemán. Incluían palabras de agradecimiento y bendiciones de Hitler en nombre del pueblo alemán. Alrededor de esta mesa con sus distinguidos judíos y en esta hora festiva, no se percibía odio, ni guerra, ni conspiración...

Una vez, en nuestras discusiones, me dijeron apasionadamente: "¡Nuestra raza tiene que aprender a sacrificarse!". Más tarde me dijeron unos fascistas judíos: "De los que están aquí, aún dejaremos que el 60% 'muerda el polvo' antes que Madagascar (es decir, Israel)".

Un comentarista que leyó el Memorándum Hoyer dijo:

> "Hay que tener presente la intensa tensión y contraste interjudíos, sobre todo entre los objetivos de los judíos nacionalmente asimilados y los de la judería mundial y el sionismo.
>
> Estas divisiones son mucho más profundas que las relaciones entre judíos creyentes y no creyentes... un grupo de judíos fue víctima de otro..." (Story, 532) En su libro *Pacto de sangre con el destino*, (2018)

Texe Marrs escribió que

> "El objetivo último de la Cábala... es la destrucción total de toda la materia, de la humanidad misma: La aniquilación... La cábala neoconservadora es una demostración velada y tenebrosa de ello. En realidad quieren sumir al mundo en la catástrofe nuclear y el caos. Un caos ardiente y una destrucción sobre los que esperan construir su nuevo y oculto Orden utópico de los Siglos. Es una perspectiva aterradora y, hasta ahora, ha tenido éxito" (p. 86).

# Confirmado - Los británicos rescataron a Bormann del Berlín sitiado

**Antes de que "James Bond" se convirtiera en una palabra familiar, era el nombre de la operación que rescató a Martin Bormann de Berlín, el 2 de mayo de 1945.**

**La misión fue dirigida por Ian Fleming y John Ainsworth Davis, inspirador de las novelas de Fleming.**

**Ainsworth Davis relató esta misión en su libro *Op JB* (1996), escrito bajo el seudónimo de Christopher Creighton. Lo reseñé aquí: Proof WW2 Was a Psyop to Kill Goyim. Martin Bormann era un agente "británico.**

*https://henrymakow.com/martin_bormann_was_rothschild.html (Reimpreso en Illuminati 3)*

El periodista Milton Shulman asesoró a John Ainsworth Davis en el libro *Op JB*. Dejó un relato de 70 páginas sobre esta colaboración en su autobiografía, *Marilyn, Hitler & Me,* publicada en 1998.

**Su autenticidad está avalada por el relato de Milton Shulman sobre sus siete años de colaboración.**

Richard Overy, catedrático de Historia Moderna, King's College, Londres:

> "La idea de que Churchill autorizara una operación tan absurda es simplemente increíble. No puedo creer que Churchill se arriesgara a alienar a nuestros aliados protegiendo en secreto a alguien de tan alto rango como Bormann, mientras se hacía todo lo posible por detener a otros criminales de guerra."

**La reacción del profesor Overy fue típica del escepticismo** que recibió el libro de John Ainsworth Davis, *Op JB*, tanto antes como después de su publicación en 1996. Martin Bormann no era sólo un nazi "de alto rango". Era el segundo después de Hitler. Controlaba la maquinaria del Partido Nazi. Él controlaba el dinero. Además, promovió la "Solución Final" que condujo a la muerte de millones de judíos.

La idea de que este hombre pudiera haber sido un agente británico era más de lo que muchos podían soportar.

Y lo que es aún más desconcertante, *Op JB* fue publicado por una importante editorial del establishment, Simon and Schuster. ¿Cómo es posible?

Milton Shulman (1913-2004) fue crítico teatral del *London Evening* Standard durante 38 años. Durante la guerra, sirvió en la inteligencia militar elaborando perfiles del Orden de Batalla de la Wehrmacht. En 1989, tras escribir sobre su experiencia bélica, recibió una carta de "Christopher Creighton". Comenzó así una colaboración de siete años que finalmente desembocó en la publicación de *Op JB* en 1996.

El detallado relato de 70 páginas de Shulman ("*Martin Bormann y el oro nazi*") en su autobiografía responde a muchas preguntas sobre éste, el libro más controvertido y revelador de la Segunda Guerra Mundial.

Al menos tres grandes editoriales adquirieron el libro y renegaron antes de que Simon and Schuster comprara los derechos en una subasta por unos 250.000 dólares.

En 1983, el diario alemán *Stern* pagó 6 millones de dólares por el Diario de Hitler, que resultó ser un engaño. Los redactores implicados fueron despedidos y el profesor Hugh Trevor Roper, que había avalado el Diario, fue humillado. Ante el temor de que Creighton fuera también un bromista, se vio obligado a someterse en numerosas ocasiones a interrogatorios por parte de editores recelosos. Shulman escribe:

> "Cualquier cosa que Creighton describiera, ya fuera una ruta de viaje, una conversación... una pieza de equipo técnico complejo como los instrumentos de infrarrojos... se aportaban datos minuciosos para justificar la autenticidad. En siete años de seguimiento de los relatos (de Creighton), encontré una asombrosa coherencia acerca de esta miríada de detalles, y bajo el interrogatorio de numerosos expertos, rara vez vaciló." (p. 126)

Creighton presentó cartas de Churchill, Ian Fleming y Lord Mountbatten (todos muertos para entonces) confirmando la autenticidad de la operación. Mountbatten le envió un memorándum en el que se enumeraba todo el personal que participó y se confirmaba que Creighton y Fleming "escoltaron a Martin Bormann fuera del búnker y escaparon río abajo por el Spree y el Havel, llegando a la orilla occidental del Elba para ponerse a salvo de las fuerzas aliadas allí el 11 de mayo..." (p.133) Cuando los editores cuestionaron la autenticidad de estas cartas, Creighton presentó una declaración jurada de "Susan Kemp", la Tercera al Mando de la Operación, y finalmente, compareció ante los editores en persona. "Susan Kemp no sólo había sido la tercera al mando en los kayaks que llevaban a Bormann a Potsdam, sino que también era el Control de Inteligencia de Bormann cuando éste llegó a Inglaterra y, finalmente, ocupó el puesto de Morton como jefe de la Sección M". (155)

Cuando por fin apareció el libro, la recepción crítica fue "horrorosa". Nadie podía creer que "una fantasía tan infantil fuera un hecho" ni entender cómo una editorial tan reputada como Simon and Schuster podía publicar "semejante fárrago de disparates". (160) Sin embargo, cuando Creighton ofreció una recompensa de 30.000 dólares a quien pudiera desacreditar la historia, nadie lo intentó.

A pesar de la reacción crítica, el libro vendió alrededor de un millón de ejemplares en todo el mundo, pero no se hizo ninguna película. Parece probable que el MI6 orquestara la campaña para desacreditar el libro. Otro libro que afirmaba que Bormann había muerto en Berlín apareció exactamente al mismo tiempo, y antes de eso, el MI6 había producido un Bormann que luego fue expuesto como un engaño.

## ¿POR QUÉ LOS ILLUMINATI DEJARON QUE CREIGHTON PRODUJERA ESTE LIBRO?

Churchill había dado permiso a Creighton para escribir esta historia después de su muerte, "omitiendo, por supuesto, aquellos asuntos que usted sabe que nunca podrán ser revelados".

Es posible que Churchill sintiera un apego sentimental por alguien a quien él, Mountbatten y Morton habían explotado sexualmente en su juventud. Puede que quisieran que Creighton recibiera su debido reconocimiento y recompensa por sus ilustres servicios a los Illuminati. Pero sobre todo, creo que confiaban en la forma en que se había hilado la historia. Bormann había accedido supuestamente a entregar todos los bienes nazis en el extranjero para que pudieran ser devueltos a sus legítimos propietarios a cambio de una escolta segura hasta Inglaterra y de protección y seguridad como inmigrante británico. (133)

Sabemos en realidad que el botín no fue devuelto, como se había prometido a Creighton y Fleming. Se lo quedaron los Illuminati, incluidos muchos nazis. Shulman escribe:

> "Millones, si no miles de millones de fondos alemanes fueron esquilmados por la Sección Morton (MI6) y la CIA, quedando muy poco para las víctimas saqueadas..." (167) En Inglaterra, Bormann se sometió a cirugía plástica y a una nueva identidad y continuó siendo lo que siempre había sido, un agente de los Illuminati. Hizo varios viajes a Sudamérica entre 1945 y 1956 donde promovió la causa nazi.
>
> Cuando las cosas se calentaron demasiado en Inglaterra en 1956, su alias murió convenientemente y se trasladó definitivamente a Argentina. Su salud empezó a fallar y murió en Paraguay en febrero de 1959, a los 59 años.

Ainsworth Davis, fallecido en noviembre de 2013, escribió más tarde una precuela de *Op JB* que Greg Hallett publicó en 2012. Me pareció que contenía poca información nueva sobre los Illuminati.

## CONCLUSIÓN

Aunque los nazis no lo sabían, estaban controlados desde arriba por el cártel bancario judío Illuminati con sede en Londres. Tanto Hitler como Bormann eran traidores, la verdadera razón por la que fueron rescatados después de la guerra. No tiene sentido pensar que los Aliados necesitaban la firma de Bormann para recuperar los tesoros saqueados por los nazis y guardados en bancos suizos.

Martin Bormann y Hitler eran agentes de los Illuminati. El propósito de la guerra era matar al "mejor de los goyim", masacrar suficientes judíos para justificar Israel, destruir el nacionalismo alemán y crear la ONU.

Las guerras son inventadas y orquestadas por los Illuminati para avanzar el gobierno de Satanás en el planeta tierra. Estamos literalmente poseídos satánicamente.

# El Holocausto y la crucifixión de David Irving

**Sesenta millones de gentiles murieron en la Segunda Guerra Mundial. Fue un verdadero holocausto gentil. Seis millones de antisemitas (nazis) murieron. Los sionistas idearon el holocausto para obligar a los judíos a fundar Israel. Los sionistas lo utilizan para obtener beneficios políticos, por eso mucha gente niega que ocurriera. Creen que los nazis querían tanto a los judíos que les daban alojamiento y comida gratis. Mi madre se escondió mientras sus vecinos eran detenidos por los nazis. A través de las contraventanas, los veía desfilar por delante de su ventana.**

**David Irving no es un "negacionista del holocausto". En una confesión de 2009 -** *https://www.bitchute.com/video/iYSaATOqtBOT/* **- reconoció que unos dos millones de judíos fueron gaseados en cuatro campos.**

**Entonces, ¿por qué se le persigue?**

**DAVID IRVING | HABLAR CON FRANQUEZA**

**David Irving habla de su carrera, su vida y su familia.**

**David Irving, de 86 años, publicó en 2009 una confesión de dos horas en la que explica la historia es un monopolio judío. Los historiadores que promueven la narrativa (Martin Gilbert, Ian Kershaw, etc.) son recompensados con críticas elogiosas y ventas.**

**Los historiadores que intentan llegar a la verdad son condenados al ostracismo. El crimen de Irving es haber desenterrado documentos que demuestran que Hitler desconocía el Holocausto y no lo ordenó. Esto es falso ya que incluso Irving admite que los**

**nazis produjeron documentos para encubrir su culpabilidad. Entrevistó a partidarios de Hitler y su adoración por el héroe se le pegó.**

**Por su crimen, Irving ha sido perseguido implacablemente por la judería organizada. Fue atraído a Viena y encarcelado en solitario durante 400 días. Sospechaba que corría peligro, pero fue de todos modos. Aprovechó ese tiempo para escribir un libro de memoria.**

**Irving dice que el "Holocausto" fue una campaña de marketing judía. No se hablaba del "Holocausto" antes de 1972. Sin embargo, como muestra el artículo de abajo , sí creía que dos millones de judíos fueron gaseados para saquear sus riquezas. Estúpidamente demandó a Debra Lipstadt por difamación y perdió todo lo que poseía incluyendo sus archivos.**

**¿Cómo puede ser tan ignorante del control judío masónico del sistema judicial? ¡¿Entonces estúpidamente dice que lo haría de nuevo?! Es verdaderamente imprudente. Describe cómo el equipo de Lipstadt, financiado por el satanista Steven Spielberg, intentó desestabilizarlo antes del juicio explotando el suicidio de su hija discapacitada. Estos judíos creen que el fin justifica los medios.**

**Se esté o no de acuerdo con él, David Irving es un prodigio. Su memoria es enciclopédica.**

**David Irving, de 86 años, ha sido vilipendiado por la judería** organizada como "negacionista del holocausto", pero su verdadero delito ha sido realizar investigaciones originales.

Alguien dijo que "la historia es propaganda sobre el pasado" y, aunque afirma que hubo gaseamientos, Irving se ha desviado de la línea del partido. Pone en duda cuántos judíos murieron en Auschwitz y si los exterminios se llevaron a cabo bajo las órdenes de Hitler. Afirma que Hitler siempre intentó mitigar o detener la violencia contra los judíos.

En 2009, Irving hizo una "Confesión" autobiográfica de dos horas que recomiendo encarecidamente. Es un genio, lo mejor que puede producir Gran Bretaña en cuanto a carácter y valor. Su capacidad oratoria y su dominio de la información son fenomenales. Este hombre debería haber sido Primer Ministro de Inglaterra. Avergüenza a todos los demás imbéciles, incluido el psicópata Winston Churchill. La judería organizada le debe a David Irving una disculpa y millones en compensación.

En 2005, Irving fue atraído a Austria por un agente de la policía secreta que se hizo pasar por estudiante y fue encarcelado durante 13 meses. Es decir, 400 días en régimen de aislamiento, en una celda de 1,80 x 1,80 metros, por no hacer otra cosa que tratar de conocer los hechos del holocausto.

Trata del holocausto a partir de 1 hr. 35 min en la Confesión. Encontró documentos que confirman que los campos del "río Bug" eran efectivamente campos de exterminio, y que alrededor de dos millones de judíos fueron gaseados en Treblinka, Sobibor, Belzec, así como en Majdanek.

Dice que es un "desviacionista" entre los revisionistas que afirman que no hubo gaseamiento. Dice que estos exterminios, llamados Operación Reinhard, eran de naturaleza económica: saquear a los judíos ricos y luego asesinarlos. Los documentos enumeran los relojes de oro, monedas, plumas estilográficas, etc. acumulados por esta operación.

En cuanto a Auschwitz, cita una fuente que afirma que se gaseó a personas no aptas para el trabajo, pero tiende a minimizar las cifras. Cita un documento polaco de posguerra que cifra en 300.000 el total de muertos.

Laurence Rees, autor de *Auschwitz, una nueva historia,* respalda esta opinión.

> "Según Rees, en 1942 hubo 2,7 millones de judíos asesinados por los nazis, incluidos 1,6 millones en los campos de la Operación Reinhard, pero sólo 200.000 judíos fueron gaseados en Auschwitz ese año en dos viejas granjas reconvertidas. Rees escribió que casi la mitad de todos los judíos que fueron asesinados en Auschwitz eran judíos húngaros

> que fueron gaseados en un periodo de 10 semanas en 1944. Hasta la primavera de 1944, habían sido los tres campos de la Operación Reinhard en Treblinka, Belzec y Sobibor, los principales centros de exterminio nazi para los judíos, no Auschwitz".

Dado que Irving reconoce que muchos más judíos también murieron por la bala, es difícil entender por qué se le considera un "negacionista del holocausto". Incluso historiadores oficiales como Raul Hilberg sitúan la cifra de muertos más cerca de los cinco millones. Irving sugiere que el holocausto es mucho dinero para la judería organizada y que por eso se ensañaron con él. Por supuesto, también se utiliza para dar a los judíos un estatus especial como mártires.

## HITLER

Irving también ha sido condenado al ostracismo por humanizar a Hitler. Cita a Hitler diciendo que quería posponer la resolución de la "cuestión judía" hasta después de la guerra.

No sé por qué Irving demandó a Deborah Lipstadt por difamación por llamarle negacionista del holocausto. ¿Cómo esperaba que se le hiciera justicia?

Dice que Lipstadt admitió en una entrevista que intentaron "desestabilizarle" antes del juicio.

Irving relata cómo el día en que su hija de 30 años -¡Engañado! Hitler era un judío masón hija anciana que sufría de la enfermedad incurable agente se suicidó, un judío rico le envió un reeve caro con una inscripción "una muerte misericordiosa" en referencia al programa nazi de eutanasia.

El equipo de defensa de Lipstadt, de 15 millones de dólares, fue financiado por judíos Illuminati como Steven Spielberg.

Irving se quedó solo. El veredicto le dejó limpio. Sin embargo, cuando Hollywood hizo recientemente una película sobre este juicio, David, el héroe solitario que defendió la verdad contra Goliat, aparece como el villano. En eso consiste la judería organizada, en invertir el bien y el mal. (El verdadero significado de "revolución").

Me alegro de que se haya grabado la confesión de David Irving. Las personas con carácter y valor son una especie en extinción en una cultura en extinción. Necesitamos escucharle hablar e inspirarnos.

Aunque creo que Irving es ingenuo respecto a Hitler, en general es uno de los pocos historiadores en los que podemos confiar. Como él dice, dentro de cien años la gente querrá leer sus libros, porque fue encarcelado por escribirlos.

Relacionado: La "eutanasia" nazi fue el precedente del Holocausto - ¿Por qué David Irving está ciego acerca de la masonería? (Consulte estos artículos en mi sitio web)

# La Segunda Guerra Mundial en el Pacífico, totalmente evitable

**El ataque a Pearl Harbor del 7 de diciembre de 1941 fue instigado por judíos comunistas de la administración de FDR para salvar a Stalin de un posible ataque de Japón.**

**Murieron 36 millones de gentiles.**

*Como las moscas para los niños libertinos*
*somos nosotros para los dioses,*
*Nos matan por deporte.*
Rey Lear Acto 4, escena 1

**En nuestro caso, los "dioses" son** los banqueros centrales judíos satánicos que inician todas las guerras, destruyen millones de vidas y luego pagan a historiadores como John Koster para que lo hagan pasar por rivalidad nacional.

Los banqueros consideran que la guerra es "revolucionaria", ya que derriba la civilización y allana el camino para su tiranía judía comunista, el *Nuevo Orden Mundial*.

U234 entregándose al USS Sutton el 14 de mayo de 1945, para ser escoltado hasta Portsmouth NH. El submarino de transporte transportaba uranio enriquecido y otra tecnología nazi avanzada.

Mata al "mejor de los goyim" (un mandato talmúdico) y hace que los banqueros obtengan enormes beneficios tanto de las municiones como de la deuda.

Después de que Hitler invadiera Rusia en junio de 1941, los banqueros centrales estaban dispuestos a destruir Alemania de una vez por todas. Su agente Hitler había metido a Alemania en una guerra fatal de dos frentes. El único peligro era que Japón, aliado de los nazis, invadiera Rusia desde el Lejano Oriente. Entonces Rusia también se enfrentaría a un ataque en dos frentes.

Para evitar este dilema a su protegido, Stalin, los banqueros tuvieron que provocar un ataque japonés contra Estados Unidos. Establecieron un embargo de petróleo y congelaron los activos japoneses. Japón no tenía estómago para la guerra con Estados Unidos. Hicieron una oferta conciliadora. A cambio de poner fin a los embargos , Japón se retiraría de China y no ampliaría su territorio más allá de la Indochina francesa. (pp.123-124) Japón y EEUU restablecerían unas relaciones diplomáticas y comerciales armoniosas. (132)

John Koster escribe:

> "Ambas partes salían ganando: Japón no podía ganar una guerra prolongada con Estados Unidos, y la mayoría de los japoneses querían salir de China con la mínima pérdida de prestigio, conservando Manchuria y Corea y evitando la revolución. Estados Unidos evitaría una guerra para la que no estaba preparado". (133)

El primer ministro japonés, Fuminaro Jonoe, solicitó una reunión con Roosevelt para sellar el tratado.

## MOLE SOVIÉTICO

Entre el agente "soviético", "Harry Dexter White" (originalmente Weit ), hijo de judíos lituanos, que era el principal asesor del Secretario del Tesoro, Henry Morgenthau, también judío. Morgenthau era cercano a Rosenfeld (FDR) un cripto judío.

"Harry Dexter White" (originalmente Weit)

Weit elaboró una lista de diez exigencias que Japón no podría aceptar sin provocar una revolución. Incluían la salida total de Asia, la reconstrucción de China, la venta de 3/4 partes de su producción de guerra a EEUU y la expulsión de todos los alemanes. (pp.135-136)

En palabras de Koster, la propuesta americana, basada en las recomendaciones de Weit, era "una declaración de guerra". El resultado, seis meses después de que Hitler atacara Rusia, fue el ataque japonés a Pearl Harbour. Hitler declaró obligatoriamente la guerra a EEUU asegurándose de que Alemania tendría que luchar en dos frentes.

Recuerde que Hitler era un agente Illuminati encargado de destruir Alemania.

Conocidos como los *descifrados de Venona*, los cables de guerra entre Moscú y la embajada soviética en Washington revelaron que Harry Dexter White era el "espía" soviético conocido como *Jurist*. (169) (Además, los desertores de Elizabeth Bentley y Whitaker Chambers habían confirmado que Weit era un agente comunista ya en 1939). Aunque el FBI informó a la Casa Blanca en 1945, Harry Truman nombró a Weit primer director del Fondo Monetario Internacional en 1946.

Koster presenta su historia como *"Cómo un topo soviético en la Casa Blanca de FDR desencadenó Pearl Harbour"*, pero está claro que provocar a Japón era la política de la administración de FDR como estratagema para entrar en la guerra contra Alemania. (137) Koster intenta retratar a FDR como un aristócrata "angloholandés" pero las propias acciones de FDR lo revelan como parte del cártel bancario judío illuminati.

En 1933, FDR restableció las relaciones diplomáticas con la URSS rotas en 1917. Puso el símbolo Illuminati con el ojo de Lucifer en el billete de un dólar en 1935.

"Algunos de mis mejores amigos son comunistas" dijo FDR cuando un congresista intentó alertarle del peligro "imaginario" de robo comunista, subversión y franca traición en su administración.

El 2 de septiembre de 1939, Whitaker Chambers entregó al Director de Seguridad del Departamento de Estado, Adolphe Berle (otro judío), una lista de cuatro páginas de agentes comunistas en la Administración de FDR.

Berle se los pasó a FDR, que hizo la vista gorda. Él mismo era un traidor.

Aparte de Pearl Harbour, las otras contribuciones de Weit a la tiranía de los banqueros centrales judíos comunistas son impresionantes:

1. Weit cortó el apoyo financiero a Chiang Kai shek "contribuyendo a la victoria comunista en China que tanto los japoneses como los estadounidenses habían esperado evitar." (166)

2. Weit entregó las planchas de impresión de moneda ocupacional a los soviéticos para que pudieran financiar su ocupación de Alemania Oriental. Utilizaron el crédito del contribuyente estadounidense para imprimir dinero suficiente para dar a todo su ejército seis años de sueldos atrasados.

3. Weit ayudó a redactar el Plan Morgenthau, que habría desindustrializado y reducido a Alemania a una colonia agrícola. FDR se lo impuso a Churchill con un soborno de 6.000 millones de dólares para reconstruir Gran Bretaña. El Secretario de Guerra Henry Stimson se lamentó de que Weit y Morgenthau se hubieran "apoderado" de la Administración de FDR: "Es el semitismo enloquecido por la venganza y... pondrá las semillas de otra guerra en la próxima generación". (167)

Investigado por el HUAC, White se suicidó en 1948.

Koster señala que, aparte de la venganza, la eliminación de Alemania eliminó el obstáculo para la expansión comunista en toda Europa Occidental. Sin embargo, los Illuminati sustituyeron el Plan Morgenthau por el Plan Marshall cuando decidieron fabricar la "Guerra Fría" y someter a la humanidad a 50 años más de miseria y despilfarro.

**CONCLUSIÓN**

Harry Dexter Weit fue un eficaz siervo del satanismo Ayudó a encender la innecesaria Guerra del Pacífico en la que murieron 36 millones de personas, aproximadamente la mitad del total de la Segunda Guerra Mundial. La guerra fue "progresista" y "revolucionaria" porque hizo avanzar la causa de la hegemonía judía masónica.

Un diabólico parásito chupasangre ha tomado el control de la humanidad y nos ha engañado para que pensemos que la guerra es natural y la resistencia es "intolerancia".

# Bormann suministró uranio nazi para bombas atómicas estadounidenses

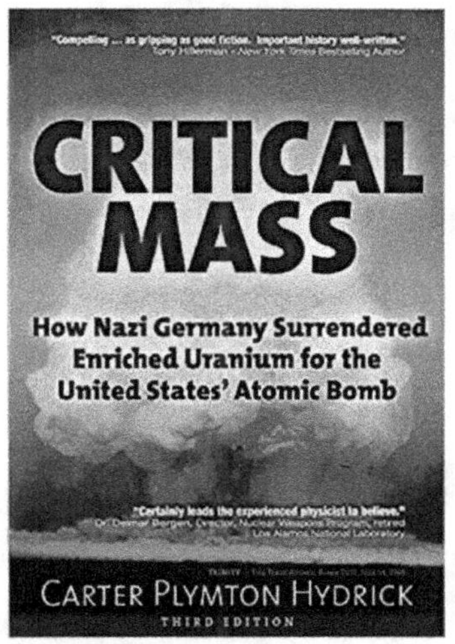


**Más pruebas de que la Segunda Guerra Mundial fue una farsa diseñada para matar goyim y destruir sus naciones.**

**Sellados en cilindros "forrados de oro", había 1.120 libras de uranio enriquecido etiquetado como "U235", el material fisible con el que se fabrican las bombas atómicas.**

**El libro *Critical Mass* documenta cómo estos componentes de la bomba nazi fueron utilizados posteriormente por el Proyecto Manhattan para completar tanto la bomba de uranio lanzada sobre Hiroshima como la de plutonio lanzada sobre Nagasaki.**

**Martin Bormann organizó** la transferencia de tecnología nazi avanzada a los EE.UU. al final de la Segunda Guerra Mundial. Esta es una prueba adicional de que Martin Bormann era un agente de los Illuminati y la Segunda Guerra Mundial fue una farsa.

Bormann era un agente banquero cabalista que subvirtió el esfuerzo de guerra nazi. Hitler lo protegió. Ambos hombres eran traidores alemanes.

La transferencia de tecnología se reveló en el libro *Critical Mass* (1998) de Carter Hydrick. El libro ha sido ignorado en gran medida debido a su inconveniente verdad. Además, Hydrick, un investigador meticuloso, no destacó la importancia de sus descubrimientos como he hecho yo. En su lugar, se centró en los detalles de la producción de la bomba atómica estadounidense, los movimientos de Bormann, el libro de registro de U234, etc. para demostrar su caso.

*Kirkus Reviews* ofrece un excelente resumen del libro de Hydrick:

**Una visión radicalmente revisionista de la carrera por la bomba atómica durante la Segunda Guerra Mundial.**

> "Según la historia convencionalmente aceptada, Estados Unidos fue el primer país en inventar una bomba atómica y, como resultado, ganó la guerra contra las potencias del Eje. Sin embargo, el autor Hydrick sostiene que, en realidad, el gobierno estadounidense fue incapaz de producir suficiente uranio enriquecido ni el mecanismo de detonación necesario para un dispositivo plenamente funcional."

Además, dice, la Alemania de Hitler sí tenía suficiente uranio apto para bombas, pero al final tomó la decisión calculada de que no le convenía utilizarlo, ya que habría arriesgado el equivalente a 2.000 millones de dólares en lo que, en el mejor de los casos, era un intento fallido.

El autor afirma que Alemania pretendía utilizar la bomba terminada como palanca en las negociaciones o entregársela a Japón. El autor afirma que Martin Bormann (adjunto de Hitler) intentó negociar un acuerdo con Japón, pero finalmente acordó en secreto entregar los materiales a Estados Unidos.

En resumen, este libro sostiene que Estados Unidos perdió la carrera armamentística y que, sin la transferencia tecnológica de Alemania, la consecuencia podría haber sido una Unión Soviética más poderosa.

En esta tercera edición de su libro, Hydrick aborda la crítica de que, si su relato fuera cierto, habrían quedado cantidades ingentes de uranio sin gastar, aunque nunca se encontró ninguno.

Pero en realidad, afirma, se han descubierto 126.000 barriles, lo que confirma aún más su tesis. Las teorías de Hydrick son tan provocadoras como meticulosas; a diferencia de otros investigadores que se han centrado en relatos personales y registros de los Archivos Nacionales, él ha peinado los registros de producción de uranio, los documentos de embarque y los registros de fabricación metalúrgica que otros han descuidado en gran medida. Este libro marca un punto de inflexión en la historia de los estudios sobre la bomba atómica, y ningún estudio futuro podrá ignorar de forma creíble sus convincentes argumentos.

Una rareza en la literatura académica, un libro genuinamente original sobre un tema profundamente importante".

## OTROS PRODUCTOS

Además del uranio enriquecido, el U234 también transportaba planos, piezas y personal para construir cohetes V4, reactores Messerschmidt 262 e incluso el avión estratosférico Henschell 130". (p. 294) *El Proyecto Paperclip*, el reclutamiento de científicos nazis en , fue una continuación de esta transferencia de tecnología.

Hydrick dice que la fábrica de caucho Buna de Auschwitz era en realidad una planta para enriquecer uranio. Consumía más electricidad que toda la ciudad de Berlín y nunca produjo caucho. (72)

Dice que el submarino dejó a Bormann en España. Toda la operación se disfrazó de transferencia de tecnología a Japón. Dos agregados navales japoneses a bordo se suicidaron cuando se les comunicó el verdadero destino.

Hydrick encontró pruebas de archivo que demuestran la complicidad nazi de EE. EE.UU. estaba al tanto del progreso del U234 y protegió el submarino. Conocían el paradero de Bormann. (270) Hydrick dice que faltan documentos clave en los archivos que visitó.

Hydrick concluye: "Para creer que una gran parte de las acciones descritas en este libro ocurrieron realmente, hay que creer que el gobierno de Estados Unidos, de alguna forma y a algún alto nivel, estaba aliado con Martin Bormann y los implicados en su fuga". (269) Y así fue. Al igual que con el rescate de Bormann de Berlín por los británicos, la transferencia de tecnología se presentó como un intercambio por la seguridad de Bormann (¿y de Hitler?) después de la guerra. Bormann siempre fue un agente "aliado".

Los nazis eran una falsa oposición. En la cima, trabajaban para los banqueros Illuminati que controlan tanto el fascismo como el comunismo. Las guerras son ideadas por los masones de ambos bandos para obtener beneficios, destruir y despoblar. Las guerras son ofrendas a Satanás.

# Los nazis nunca fueron destruidos

**Paul Manning, distinguido periodista de MSM, fue perseguido por revelar en 1981 que la Segunda Guerra Mundial fue una farsa.**

**Con la cooperación de los Aliados, Martin Bormann aseguró el renacimiento económico de Alemania en la posguerra transfiriendo la riqueza nazi al extranjero. Probablemente tanto él como Hitler sobrevivieron. Esto es una prueba más de que, en la , los nazis y los aliados estaban controlados por la misma gente, los banqueros judíos Illuminati (Frankistas Sabateanos). El propósito de la guerra en general es matar a los patriotas judíos y goy no masónicos, degradar y desmoralizar a la humanidad, aumentar la deuda y consolidar el poder en manos de los banqueros.**

¿Por qué la gente se resiste a creer que la humanidad está en manos de satanistas? La historia moderna fue (y es) un infierno en la tierra para muchos millones de personas. Esto no fue hecho por niños de coro.

*The Sabbatean Frankist Nazi Empire after WW2* es el título de un vídeo imprescindible de Dave Emory. Encontré esta reseña en los comentarios. Dave merece crédito por mantener viva esta historia crítica. Naturalmente, quieren suprimirla.

**La pura verdad**

**Reseña del libro de Paul Manning Martin Bormann*: Nazi In Exile* 1981**

**Por John C. Sanders (en Amazon.com)**

Anticipándose a la derrota del Tercer Reich, el Reichsleiter Martin Bormann creó 750 corporaciones en países neutrales, preparadas como vehículos para recibir la riqueza líquida de Alemania, además de patentes y otra información industrial patentada.

Un genio de la organización y el verdadero poder detrás de Hitler, Bormann, conocido como la "Eminencia Gris", huyó con éxito de Europa hacia América del Sur y administró un "Reich en el exilio" en los años posteriores a la guerra.

Con restos de las SS como brazo ejecutor, el antiguo jefe de la Gestapo, el general Heinrich Mueller, como director de seguridad, 750 corporaciones como base de poder económico y el silencio y la cooperación voluntariosos de los aliados occidentales, Bormann guió a su organización hasta una posición de poder consumado.

Un banquero citado por Manning calificó a la Organización Bormann como la "acumulación de poder monetario bajo un mismo control más importante de la historia".

La Organización Bormann, que controlaba las principales empresas alemanas, la propia República Federal y gran parte de América Latina, también mantenía un formidable círculo de influencia en Estados Unidos.

Paul Manning ha escrito el texto definitivo sobre la Organización Bormann. Manning trabajó con la radio CBS durante la Segunda Guerra Mundial en Londres como miembro del equipo de élite Edward R. Murrow/Walter Cronkite y luego se convirtió en redactor de discursos para Nelson Rockefeller.

## DESCUBRIMIENTO

Varias décadas después de la Segunda Guerra Mundial, Manning se topó en los Archivos Nacionales de Estados Unidos con las entrevistas de los militares estadounidenses de los CSDIC (Centros de Interrogatorios Detallados de Servicios Combinados) a miembros de magnates alemanes de la industria y la banca. Asombrado por los hallazgos, Manning se propuso escribir un libro sobre las maquinaciones secretas del blanqueo de dinero nazi.

Sin que Manning lo supiera, el manuscrito era una estaca en el corazón del ex director de la CIA Allen Dulles, que representó muchos intereses alemanes a ambos lados del Atlántico durante los años 30 y 40 a través de su bufete de abogados Sullivan and Cromwell, con oficinas en Nueva York y Berlín.

Tras la rendición alemana, Dulles contribuyó a reclutar discretamente al general Reinhard Gehlen, jefe de los servicios de inteligencia de Hitler, y a muchos de sus operativos clave.

Fueron trasladados a Fort Hunt, Virginia, y se integraron en la O.S.S. estadounidense, que se convirtió en la CIA con la promulgación por Truman del NSC68 en 1948. Gehlen siguió trabajando encubiertamente para Estados Unidos hasta que volvió a dirigir el BND alemán en los años cincuenta. En su libro *"The Service"* (1972) confirmó que Bormann era un agente "soviético".

*https://henrymakow.com/hitler_and_bormann_were_traito.html*

Preocupado por la exposición pública de la investigación de Manning, Dulles se ofreció a "ayudar" al desprevenido Manning con su manuscrito, y le envió a una búsqueda inútil, buscando a Martin Bormann en Sudamérica. Sin saber que había sido desviado deliberadamente, Manning escribió un prólogo a su libro agradeciendo personalmente a Allen Dulles su seguridad de que "iba por el buen camino" y "debía seguir adelante."

En realidad, la ayuda de Dulles tenía como objetivo enviar a Manning y su manuscrito a la oscuridad para evitar la revelación de la transferencia y protección del dinero nazi.

## HISTORIA DE LA PUBLICACIÓN

A través de sus conexiones con las principales empresas estadounidenses, el grupo Bormann presionó con éxito a un editor tras otro para que rechazara el manuscrito de Manning. En la supresión del libro de Manning tuvo especial importancia la familia Thyssen.

(El patriarca Fritz Thyssen fue el primer y más destacado patrocinador de Hitler entre los industriales alemanes) Su nieto, el conde Zichy Thyssen, que controlaba Thyssen Steel desde su base en Argentina, hizo saber que sería muy de agradecer que los editores estadounidenses "se mantuvieran alejados" del texto de Manning.

Finalmente, Manning encontró un hogar para el libro en la inconformista editorial Lyle Stuart. Como represalia, al director de la editorial le rompieron las piernas la misma semana en que salió a la venta el libro y se bloquearon las reseñas del libro en los principales mercados periodísticos y publicaciones de gran tirada. En 1993, tras otra década de intensa investigación, Jerry, el hijo de Manning, fue asesinado sin sentido y de forma inexplicable.

Basándose en la información obtenida de sus contactos en la comunidad de inteligencia, Manning llegó a la conclusión de que el asesinato era una represalia por su trabajo continuado y su intención de publicar un libro de seguimiento, "En busca de Martin Bormann". La muerte de su hijo devastó a Manning e impidió la finalización del segundo libro. Murió poco después, en 1995.

En diciembre de 1998, el investigador y locutor californiano Dave Emory realizó una entrevista radiofónica en directo ... con el hijo superviviente de Manning, Peter, sobre la organización de capital de fuga de Bormann y el trabajo de su padre para sacar a la luz sus actividades. Peter relató conmovedoramente en las dificultades que experimentó su familia a raíz del trabajo de su padre en el libro.

Además de la vigilancia y el acoso, la familia experimentó dificultades económicas y mentales como resultado de los esfuerzos deliberados de elementos hostiles a su mensaje. Por razones obvias, los ejemplares de este libro fueron asiduamente retirados del mercado y, desde hace algún tiempo, son imposibles de conseguir.

## LOS ALIADOS FINANCIARON A LOS NAZIS

En agosto de 1934, la American *Standard Oil* en Alemania adquirió 730.000 acres de tierra y construyó grandes refinerías de petróleo que abastecieron de petróleo a los nazis.

Al mismo tiempo, Alemania recibía secretamente de Estados Unidos los equipos más modernos para las fábricas de aviones, que comenzarían la producción de aviones alemanes. Alemania recibió un gran número de patentes militares de las empresas estadounidenses *Pratt and Whitney, Douglas, Curtis Wright*, y la tecnología estadounidense estaba construyendo el Junkers 87.

En 1941, cuando la Segunda Guerra Mundial hacía estragos, las inversiones estadounidenses en la economía de Alemania ascendieron a 475 millones de dólares.

*Standard Oil* invirtió 120 millones, *General Motors* 35 millones, *ITT* 30 millones y *Ford* 17,5 millones. La estrecha cooperación financiera y económica de los círculos empresariales angloamericanos y nazis fue el telón de fondo sobre el que, en los años 30, una política de apaciguamiento condujo a la Segunda Guerra Mundial.

**PRIMER COMENTARIO DE ANONYMOUS**

(Descargo de responsabilidad: la publicación de estos extractos no constituye una aprobación. Decídase por sí mismo).

"El libro de Manning está anticuado. La diáspora nazi es de dominio público en Sudamérica. Harry Cooper tropieza con la prole por todas partes...

El Gobierno de EEUU contrató nazis en masa. Nadie les dijo a los residentes de Iowa que lloraban la pérdida de sus hijos que el Reich salió de Berlín y tomó DC. Gehlen dirigió la CIA en Europa. Un nazi dirigió el Pentágono hasta la vejez.

Los nazis dirigían Bell Helicopter, la NASA y otras organizaciones. El sobrevuelo OVNI de la Casa Blanca en 1952 fue un escuadrón de platillos nazis explicando quién manda. Un espía nazi se convirtió en Prez EE.UU.. El Reich envió a un adolescente Scherff a espiar a Tesla. Conocemos a Scherff como George H.W. Bush. El guardaespaldas de Hitler, Otto Skorzeny, dejó pruebas documentales de su verdadera identidad. El clan Bush lo falsificó.

... Los satanistas son mentirosos, por eso uno (H.W. Bush) se convirtió en Comandante en Jefe, después de dirigir la embajada de China y la CIA. Scherff tuvo múltiples mandatos en la Casa Blanca. Dirigió a Reagan, Clinton y Obama. Su mandato personal fue la usurpación ilegal por un extranjero nacido en el extranjero, enemigo con antecedentes familiares falsos.

¿Te suena familiar? Obama era un bebé del culto sexual Subud. El culto tenía un agente en los registros vitales de Hawai. La esposa de Obama era un hombre. Sus hijas fueron "prestadas" por otra familia para relaciones públicas. Obama recientemente se puso un "traje de fiesta" satánico, es decir, un vestido ritual. Vemos el "Spirit Cooking" de Hillary. La esposa de Scherff "Barbara Bush" era la hija del culto sexual ritual de Crowley.

Dijo en televisión que si criticas a su marido, "estás muerto". Scherff lanzó un gesto cortante a Trump en directo. Es el estilo de la secta. Scherff ayudó a matar a JFK y después a JFK hijo con una bomba aérea para despejar la carrera de Hillary al Senado. La democracia es una broma para los satanistas. Reagan fue sometido por un intento de asesinato para poner al VP Scherff en el poder. Reagan acató sus órdenes como un buen niño a partir de entonces.

El verdadero gobierno es la secta. Su poder deriva de engañar a las masas con falsas políticas y falsa historia. El colaborador nazi George Soros financia ahora a los camisas pardas de Antifa.

Antifa significa antifascista. El nazismo es nacionalsocialismo, el comunismo es socialismo internacional, y el homosexual Hitler buscó trabajo con ambos. Los financieros de Hitler eran también los de Lenin. Presentaron al mundo una falsa elección entre socialismo y socialismo. "Peleemos tú y él".

# Pierre Elliot Trudeau también fue un traidor comunista

**Una nota de suicidio manuscrita dejada por Fidel Castro Díaz-Balart, de 68 años, el mayor de los hijos legítimos de Fidel Castro, parece confirmar el antiguo rumor en Cuba de que Fidel Castro es el padre de Justin Trudeau.**

La muerte del destacado científico nuclear del gobierno, también conocido como "Fidelito", por lo mucho que se parecía a su padre, conmocionó a la nación, pero ha sido su "explosiva" nota de suicidio la que ha hecho correr las lenguas en La Habana.

En medio de un amplio aluvión de quejas, la nota sugiere que Fidelito estaba enfadado con su difunto padre, el dictador revolucionario cubano. Fidelito escribió que su padre, Fidel Castro, estaba "siempre comparándome desfavorablemente con Justin" y "desestimando mis logros en comparación con su éxito en Canadá."

> "Pero, ¿qué iba a hacer yo? Soy cubano. Mi hermano es canadiense. Si hubiera nacido y crecido en Cuba, habría vivido a la sombra de nuestro padre para siempre, igual que yo".

*https://thepeoplesvoice.tv/bombshell-evidence-proves-justin-trudeau-is-fidel-castros-son/*

El "padre" cornudo de Justin, Pierre Elliot Trudeau (1919-2000), fue Primer Ministro canadiense de 1968 a 1979 y de 1980 a 1984.

Su expediente fue destruido porque era un agente comunista (Illuminati). Trudeau dio los primeros pasos para normalizar la homosexualidad y convertir a los canadienses europeos en minoría, es decir, el "multiculturalismo".

En 1968, el desertor ruso Igor Gouzenko advirtió que Trudeau "se convertiría en otro Castro y haría de Canadá otra Cuba". El hijo predilecto de Castro ha seguido los pasos de Trudeau y ha sido odiado de la misma manera.

Steve Hewitt, profesor de la Universidad de Birmingham, criticó al CSIS por enviar el expediente del primer ministro "a un agujero de memoria orwelliano". Calificó la purga del expediente de "crimen contra la historia de Canadá" y dijo que este tipo de acciones "se esperan de un Estado autoritario y no de una democracia propiamente dicha".

Mano Illuminati: Señalando su lealtad a Satanás

Un expediente sobre el ex Primer Ministro Pierre Trudeau, recopilado por la entonces agencia de espionaje del país, el Servicio de Seguridad de la Real Policía Montada de Canadá (RCMP), fue destruido en 1989 y, por tanto, no ha acabado en los archivos nacionales como se suponía que debía ser.

El expediente se habría hecho público en septiembre de 2020. El CSIS (Servicio Canadiense de Seguridad e Inteligencia) afirmó que los expedientes de Trudeau y de los ex primeros ministros Lester Pearson y John Diefenbaker fueron destruidos en interés de la "privacidad" y porque la RCMP había sido "demasiado celosa" en el entorno de la guerra fría. Los tres primeros ministros eran masones. Todas las agencias de inteligencia trabajan para los Rothschild, no para los gobiernos nacionales que las financian.

Sin embargo, el expediente de PET en el FBI se hizo público hace diez años y reveló su constante apoyo a las causas comunistas y sus relaciones con dirigentes comunistas.

## IGOR GOUZENKO

En 1968, en vísperas del ascenso de Pierre Elliot Trudeau al liderazgo liberal y a la cartera de Primer Ministro, Igor Gouzenko (1919-1982) hizo público un dossier en el que sostenía que PET era un peligroso comunista.

Igor Sergeyevich Gouzenko era empleado de cifrado de la embajada soviética en Canadá, en Ottawa (Ontario). Desertó el 5 de septiembre de 1945, tres días después del final de la Segunda Guerra Mundial, con 109 documentos que detallaban las actividades de espionaje de la

URSS en Occidente. Esto resultó ser una gran vergüenza, ya que los líderes de Occidente eran todos comunistas secretos (masones). El hombre que llevó a la PET al poder, Lester Pearson, había sido desenmascarado por la desertora del KGB Elizabeth Bentley como un activo ruso.

Los traidores globalistas decidieron tomar un limón y hacer limonada. Utilizaron las revelaciones de Gouzenko para iniciar la falsa "Guerra Fría".

Igor Gouzenko

Viviendo en la clandestinidad, Gouzenko advirtió que a PET se le había prohibido entrar en Estados Unidos por ser comunista. Dijo que las ideas de PET estaban tomadas de Mao y Lenin.

Todos sus escritos académicos eran procomunistas. Amenazó con retirar el níquel a Estados Unidos a causa de la guerra de Vietnam.

PET se había comportado de forma sospechosa de joven. Asistió a conferencias en el Kremlin, viajó a Vietnam durante la guerra de Vietnam y, de hecho, fue apresado por los guardacostas estadounidenses cuando intentaba llegar en barco a Cuba antes de la Bahía de Cochinos.

El Primer Ministro Lester Pearson no dejó que el FBI entrevistara a Gouzenko. Nombró al homosexual Robert Bryce Viceministro de Finanzas. En este cargo, Bryce suprimió el servicio internacional de la CBC que se retransmitía a la URSS. Bryce había formado parte de un grupo de estudio comunista en Washington DC.

## JUSTIN TRUDEAU CASTRO

Los Illuminati son desviados sexuales. Abusan de sus propios hijos como parte del proceso de lavado de cerebro. Hay una sugerencia de que esto le sucedió a Justin.

En su libro, *Trance-formation of America* (1995) Cathy O'Brien, superviviente de MK-ULTRA, afirmó que muchos líderes mundiales, entre ellos Pierre Trudeau y Brian Mulroney, son pedófilos. Los conoció en el transcurso de su vida como esclava sexual entrenada (con su hija pequeña) para servir a políticos de alto nivel. Otras fuentes respaldan las acusaciones de Cathy O'Brien.

El matrimonio de Pierre con Margaret en 1968 fue "arreglado" por los militares. La pareja fue programada con LSD en una remota granja de la Columbia Británica. Esto podría explicar por qué Margaret fue pasada a Fidel Castro.

Justin conoció a su verdadero padre Fidel Castro en el funeral. La cara de una madre no miente.

El panegírico de Justin a la muerte de Fidel provocó un escándalo y muchas parodias.

Justin elogió a su padre por "servir a su pueblo", pasando por alto el hecho de que Castro asesinó a unas 140.000 personas y redujo a su país a la esclavitud y la miseria de un estado policial. Castro era multimillonario mientras los médicos ganaban peniques trabajando para sus "camaradas". La Habana es una ruinosa cápsula del tiempo de 1958.

¿Fue Fidel Castro el padre de Justin Trudeau?

*https://www.winterwatch.net/2024/03/was-fidel-castro-justin-trudeaus-daddy/*

# Libro cuarto

## Illuminati Observados

# Kay Griggs - El Ejército de los EE.UU. es una Operación de la Mafia Dirigida por Cabalistas Sexuales

**Ken Adachi: "Todo ciudadano estadounidense necesita escuchar la entrevista completa en vídeo de Kay Grigg, de ocho horas de duración, realizada en 1998, para comprender la completa degeneración y subyugación que ha tenido lugar entre la estructura de mando superior del Ejército, la Marina y los Marines debido a la subversión de los quintacolumnistas sionistas."**

**Las revelaciones de Kay Grigg en 1998 sobre el control de los Illuminati sobre el ejército de EE.UU. figura como una de las más inquietantes exposiciones del "Estado profundo".**

**Kay Pollard Griggs es la ex esposa del Coronel George Griggs, Jefe de Operaciones Especiales del Almirante Kelso de la OTAN.**

Kay Pollard Griggs

El coronel George Griggs, licenciado en Princeton (promoción de 1959) y graduado de la Escuela de Defensa de la OTAN en Roma, fue espía y asesino de Operaciones Especiales desde el periodo de la guerra de Vietnam en adelante.

Basándose en innumerables revelaciones que el coronel Griggs hizo en estado de embriaguez, Kay Griggs informó en una extensa entrevista en 1998 que el ejército estadounidense está dirigido por desviados sexuales, en su mayoría homosexuales, y que el propio ejército estadounidense es una operación de control mental.

La parte 1 de 4 de las entrevistas de 1998 realizadas por el pastor Rick Strawcutter incluye las descripciones de Grigg de su propio acoso por parte de bandas (organizadas por militares), así como de las operaciones de control mental y los cultos que operan en la cultura militar estadounidense.

1. En los niveles más altos del Cuerpo de Marines y del Ejército en las fuerzas de Operaciones Especiales, los individuos son todos en realidad de la mafia de Brooklyn-Nueva Jersey. Mi marido, el general Al Gray, el general Sheehan, Heinz Kissinger, Caspar Weinberger... forman parte de un grupo de sionistas venidos de Alemania (en la "Operación Paperclip" y otras).

Hacen mucho blanqueo de dinero en los bancos, transacciones en efectivo en los bancos para las drogas que traen. Todos los militares están implicados una vez que se retiran.

Se dedican a la venta de drogas y armas secundarias.

El almirante Jeremy Boorda, judío, fue asesinado en 1996 cuando amenazó con sacar a la luz este tráfico de drogas.

*https://www.henrymakow.com/2018/12/The-Murder-of-Admiral-Jeremy-Boorda.*

2. Es un culto muy pequeño / sociedad secreta. He oído lo que hacen cuando se convierten en coroneles. Es lo mismo que hacen en Skull and Bones, y Cap and Gown (que tiene un montón de oficiales de inteligencia y chicos que han sido violados).... Hacen muchas seducciones homosexuales. Esto les impide contar secretos. La flor y nata lo hace; celebran fiestas sexuales, orgías, etc. Los hombres que llegan a la cima son los elegidos para hacer fiestas en la piscina, etc. ...

3. Los métodos de inducción Skull and Bones se utilizan ahora en el Ejército. Esto se remonta a lo alemán; es lo que hacía el Alto Mando alemán. Dicen que se remonta a Grecia. Hacen el truco de la bola de bolos. Ahora los Jefes (de Estado Mayor) tienen que hacerlo. Emborrachan a todo el mundo. A veces lo llaman "cenar en casa". No todo el mundo lo hace.

Pero los que lo hacen, llegan hasta arriba. Hacen sexo anal. Ponen a alguien en el ataúd y es el receptor de todos los actos de sexo oral y anal...

4. W.W. Rostow y los terroristas revolucionarios comunistas judíos-cabalistas: Desde el bombardeo de Dresde en la Segunda Guerra

Mundial hasta el asesinato de JFK, pasando por el control del ejército estadounidense en la actualidad Walt Whitman Rostow (judío) y su gente estuvieron detrás de los bombardeos de Dresde en Alemania durante la Segunda Guerra Mundial. Rostow es un hombre muy peligroso, un comunista. Fue uno de los "sabios" de la administración Kennedy. Creo que probablemente fue el responsable del movimiento que hizo que asesinaran a Kennedy. Creo que fue un grupo israelí el que lo hizo, con algunos de estos granujas. Los "sabios" de Kennedy eran la gente de Harvard...

5. Todos estos asesinos son anarquistas y están relacionados con la mafia. Utilizan la financiación de la mafia y, por supuesto, el dinero de la droga para pagar las flamantes armas. Esta es la razón por la que tuvimos la guerra en Bosnia. Esto fue simplemente un escenario para entrenar asesinos para ser un mercado de armas nuevas - para ser un mercado para que el dinero de la droga pueda ser utilizado. Y el Ejército dirige todo el espectáculo.

La CIA es una cosa falsa para confundirnos y despistarnos. Es el Mando de Entrenamiento y Doctrina, es la OTAN, es el SHAPE (Cuartel General Supremo de las Potencias Aliadas en Europa), iniciado por el presidente Eisenhower (un judío). Es una corporación totalmente independiente. Su función principal es vender armas y lavar dinero. Todo lo hace gente del ejército que ahora es JOINT.

La palabra JOINT se utiliza (Paperclip) para describir a las personas que vinieron ilegalmente para escapar de la Alemania nazi. Usted ve el crimen organizado, el Meyer Lansky, el grupo judío cabalista, que no creen en Dios, creen que tienen que deshacerse de todas las buenas personas ... y consiguen puntos brownie en su pequeño culto por hacer eso. Ellos realmente hacen esto. Están matando gente buena a propósito.

6. Todo el mundo sabe que trajeron probablemente más de 200.000 soldados nazis y SS, y científicos chiflados, y psicólogos. Y todos ellos, la mayoría, tenían la "enfermedad alemana", porque era su cultura. Es lo que eran los chicos del Triángulo Rosa. El coronel de marines Ron Ray, cristiano, escribe sobre estos "marines cereza", la homosexualidad y las orgías sexuales en grupo, que hicieron caer al gobierno alemán. Hoy, en Nápoles, donde la Marina está haciendo de las suyas, se siguen celebrando estas orgías. Era donde Krupp, los fabricantes de armas de los alemanes llevaban al alto mando alemán y iban a la Gruta Azul en la Isla de Capris. Y traían niños pequeños y los violaban.

Cuando las madres de estos chicos fueron a ver a las esposas de estos tipos en Alemania, eso hizo caer al gobierno. Lo que estaban haciendo es pedofilia. Estaban violando niños pequeños. Involucraron a los sacerdotes católicos. Entonces todo este grupo vino a los Estados Unidos. Es una cultura antigua. Es la razón por la que hay muchas cosas pasando con niños en estos días. Y explica por qué está siendo encubierto. Porque los oficiales de policía están jugando estos juegos.

Incluso Eisenhower jugó a estos juegos. Incluso Mike Kemp en el Bohemian Grove. También había uno grande en Washington llamado Rush River Lodge donde solían ir; y hay muchos lugares ahora. Pero el problema es que creo que están tratando de destruir América y la cultura cristiana protestante básica. Porque donde tienes una sociedad militarista donde las reglas son sólo para esa gente... Ten en cuenta que Meyer Lansky y Lucky Luciano (mafia) eligieron ir a Italia... No fueron desterrados. Fueron allí por la industria armamentística. Eso es lo que hacen los militares. Está totalmente controlado por la mafia.

7. Mao Tse Tung (China) se formó en París. También lo fue el líder de Camboya, Pol Pot. De niños, fueron "convertidos" psicológicamente, es decir, (violados) por sacerdotes. Este es el patrón. Por eso es tan importante saber lo que están haciendo a inocentes niños en el Ejército y los Marines. Por qué es que los homosexuales ascienden mucho más rápido que los que no lo hacen. Se les llama "estrellas en ascenso".

Así es como el Departamento de Estado llama a los que están controlados. Intenté formar parte de la familia del Departamento de Estado. Pero como yo era cristiano, no podía ser parte de eso.

Aunque tenía mucha experiencia. Viví un tiempo con la corresponsal jefe de la Casa Blanca, Sarah McClendon, y me contó que Ron Brown, Vince Foster y Forrestal fueron asesinados. ... Ron Brown intentó por primera vez, quitar el injusto monopolio del Departamento de Estado sobre las armas ilegales y el dinero de la droga. El dinero de la droga paga las armas. Las armas nuevas son vendidas por agentes de Israel.

10. ¡Sí! Se han deshecho de la buena gente. Uno por uno. Gente como MacArthur. Mi marido me dijo que nunca fuimos realmente enemigos de la Unión Soviética. Mi marido estaba mentalmente incapacitado, pero dirigía el Cuerpo de Marines de medio mundo. Pero podía seguir órdenes.

Esta "hermandad", todos pertenecen a la mafia de Nueva Jersey (Brooklyn), por lo que muchos son masones ahora. Los del Cuerpo de

Marines son los sicarios; trabajan para cualquiera. Cambian de sombreros, del Ejército a la Marina al Departamento de Estado, así de fácil. El equipo que destapó el Watergate, Woodward y Bernstein, eran agentes (de inteligencia).

Conocí a todos estos señores de la droga. Cultivan a los hijos de familias prominentes, los llaman "estrellas nacientes". El Departamento de Estado los encuentra cuando los "convierten". Y luego les hacen saber que si alguna vez se meten en problemas, vengan aquí.

Enormes aviones cargados de droga aterrizaban en bases militares. Todos las traían; los noruegos, los británicos.... Las drogas, bajaban a través de Birmania, Turquía; los bancos estaban en Beirut, Panamá, México, en St. Thomas.... el lavado de dinero en efectivo...

Es muy fácil averiguar quiénes son los capos de la droga....

En Operaciones Especiales, todos forman parte de esta "Firma". Una vez que llegan a Coronel, se inician; se emborrachan, "cenan", "shellback", tienen sexo anal, sexo en grupo.

# Insider - DARPA concibió Facebook para controlar la mente

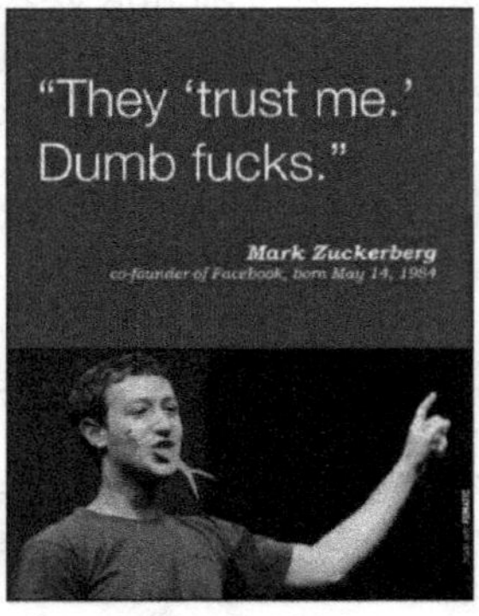

If you're not paying for the product, you are the product...

**Exposición de los orígenes de Facebook por un amante gay que desea permanecer en el anonimato.**

**"Mark es incapaz de dirigir un McDonald's, y mucho menos una de las empresas más poderosas del mundo. Ni siquiera su nombre es real y su identidad siempre ha estado encubierta. Mark fue elegido como niño para un programa de entrenamiento de la CIA porque sus parientes fueron algunas de las personas que crearon el programa."**

**"Facebook se concibió como una ciberdroga para crear y controlar adictos, adictos digitales.**

**... Cada persona en Internet, que también fue creada por DARPA, es considerada un ciberterrorista y los militares ven como su trabajo crear sistemas para vigilar, apuntar, desarmar y controlar agresivamente a distancia al usuario.**

Las plataformas gratuitas como Google, Gmail, Facebook y el resto eran trucos de confianza para que los usuarios experimentaran.

Sean Parker, uno de los primeros miembros de Facebook, lo ha "confesado todo" a los medios de comunicación. Facebook se concibió como una ciberdroga para crear y controlar adictos, adictos digitales.

Como ha dicho Sean, desde el principio sabíamos que perjudicaba a todos los usuarios y por eso nunca dejamos que nuestros amigos o nuestros hijos utilicen estos sistemas: les perjudica enormemente.

Los representantes de DARPA nos dijeron a Mark y a mí que esa era la intención de Facebook desde el principio.

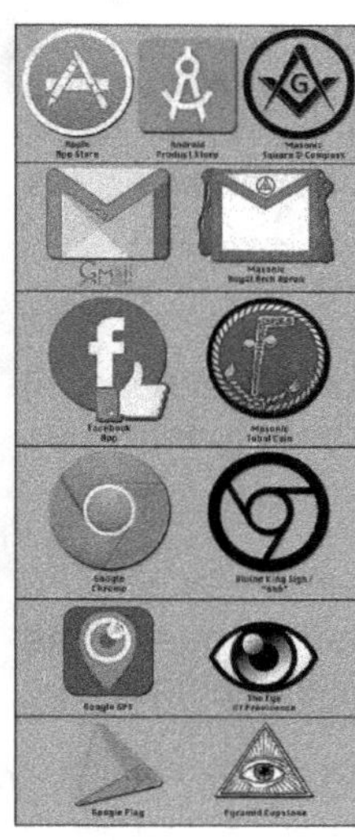

## A todos los usuarios de Facebook

Mark Zuckerberg, y todos los que estuvimos allí desde el principio, te estamos mintiendo y utilizando tu vida personal como un experimento de lavado de cerebro y control mental controlado por el gobierno - básicamente un sistema de armamento de los militares (CIA especialmente) que se salió de control.

Llegados a este punto, Mark Zuckerberg ha perdido el control de una empresa de la que en realidad nunca fue propietario ni administrador. Realmente, cualquiera que haya trabajado con Mark sabe que su mente está en blanco y que no es más que un loro para los manipuladores del gobierno que lo crearon....

Facebook siempre fue un arma militar, al igual que el Google de Eric Schmidt, que fue incubado de la misma manera que Facebook. Mark era un chivo expiatorio, pero un chivo expiatorio no humano despiadado, despiadado y de sangre fría. Se convirtió de esta manera a través del lavado de cerebro que recibió en sus años de escuela secundaria por un programa de DARPA llamado TIA que necesitaba un "niño genio" para ser el testaferro. Esta estafa convertiría a Mark en un modelo global de los genios informáticos jóvenes, guays e irreverentes que "gobiernan el mundo" y conducen a todo el mundo hacia un dios cibernético de la inteligencia artificial. Al principio, Mark no era más que una marioneta involuntaria: me daba pena.

## ZUCKERBERG ES HOMOSEXUAL

Recuerdo la primera vez que fui compañera de habitación de Mark, en nuestro segundo año en Harvard. Estábamos en Kirkland House, en la calle JFK, y teníamos que soportar a Dustin y Andrew.

Mark las odiaba porque nos impedían dormir juntos, aunque estuviéramos en la misma habitación. Era frustrante y mantenía nuestra relación en secreto. Poco sabía yo que lo que me atraía de Mark, cierta apertura para escuchar a cualquiera, también le hacía extremadamente promiscuo con ambos sexos.

Mark no tenía moral, conciencia ni vergüenza. También perseguía mujeres en Craig's List y a veces simplemente desaparecía para encontrarse con ellas. Era como una pizarra en blanco que simplemente se hacía eco de lo que ocurría en su entorno. Me encantaba y odiaba este aspecto de su personalidad, pero más tarde descubrí que tanto él como su hermano y su primo eran debido a los programas de lavado de cerebro a los que fueron sometidos durante el instituto.

Si ciertas personas hablaban con Mark en persona o por teléfono, él dejaba todo y hacía lo que le dijeran. Ciertas personas tenían más poder y efecto sobre él.

Al final, cuando Mark rompió a llorar, me enteré de que el lavado de cerebro era permanente y formaba parte del "puesto" que estas personas habían prometido crear para Mark. Él ni siquiera sabía lo que era o implicaba ese "puesto".

Pero de una cosa estaba seguro Mark, sólo estaba "colocado" en Harvard "por un tiempo" hasta que su "puesto" estuviera disponible para él. Mark estaba seguro de que esta promesa de un puesto incluía mucho dinero y poder, afrodisíacos para un narcisista incurable Debo admitir que caí bajo el poder de la certeza de Mark de que no necesitaba Harvard, un título o buenas notas. Mark acabó abandonando Harvard al final de nuestro segundo año y se hizo asquerosamente rico y más poderoso de lo que podía imaginar. También admito que yo me aproveché del éxito de Mark para hacerme bastante rico. Los cuatro miembros del club que Mark bautizó con el nombre de "The Fellowship" no nos hicimos ricos por nuestra cuenta, simplemente conocíamos los secretos de Mark.

Verás, Mark nunca pudo ser fiel a nadie, pero amaba a los hombres más que a las mujeres. De hecho, solía odiar a todas las mujeres. Así que Mark me engañaba y quería traerme al nuevo "chico" a casa para que me uniera a él. A mí nunca me gustó eso como a Mark. Era un maltratador, pero nunca lo admitiría, sobre todo con los chicos jóvenes. Al final, quedamos tres amantes de Mark.

Mark siempre tuvo ataques de pánico y se derrumbaba con frecuencia debido al lavado de cerebro - según Mark. Lloraba por su madre y por la "tortura" que dejaba que "ellos" le hicieran. En esos momentos, Mark se quedaba con la boca abierta y contaba a sus compañeros de cama todo el dolor y los horribles planes que le hacían esas "personas malvadas".

Al principio, sus dudas y temores casi le consumían por la noche y apenas podía dormir debido a las pesadillas. Una vez que Mark se hizo asquerosamente rico, se limitó a consumir drogas para enmascarar estos temores. Pero si le pones nervioso preguntándole por la creación de Facebook, Mark se asusta y le da un ataque de pánico porque siempre se lía con la historia y queda como un idiota. No soporta las preguntas sobre "cómo creó Facebook", porque no lo hizo. Tuve que reírme con una de sus estúpidas respuestas: "Vi en que Harvard no tenía Facebook, así que creé uno", o algo parecido. Los periodistas le dejaron salirse con la suya con esa mentira, como siempre han hecho.

## LA FEA VERDAD

Mark Greenberg (Zuckerberg) no escribió ni una sola línea del código fuente de programación de Facebook. Esas son mentiras y propaganda generada por su gobierno, manipuladores militares. Todo el mundo sabe que los gemelos Winkelvoss (Aaron y Cameron) ganaron un acuerdo de demanda de 65 millones de dólares contra Mark porque sabían que su pequeña pieza de Harvard Connection (HC) era sólo código adjunto unido al código fuente original robado - que fue dado a Mark por el profesor James Chandler e IBM. Esos 65 millones de dólares de sucios conocimientos fueron bastante rentables para un par de guapos deportistas de Harvard sin ningún interés en mí.

Mark simplemente hizo que otros ajustaran el código en lo que era un armamento militar patrocinado por el gobierno de un proyecto de guerra cibernética dirigido por el Presidente de Harvard, Larry Summers. Incluso el propio Summers tenía su propio directorio de estudiantes y personal en ciernes que estaba siendo desarrollado por el personal informático de Harvard llamado "Facebook". ¡Mark ni siquiera creó el nombre!

Los gemelos Winkelvoss habían desarrollado su propia versión en la competición por el contrato gubernamental, HC, que cambiaron por ConnectU. Aaron Greenspan estaba desarrollando HOUSE System, y Paul Ceglia trabajaba con Mark para modificar su software StreetFax y convertirlo también en Facebook. Mark no desarrolló nada. Absolutamente nada. Incluso el famoso "hackeo" de los sistemas de Harvard no lo hizo el propio Mark. Mark era el intermediario de quienes supervisaban el "gran proyecto", como se le llamaba.

Desde el presidente de Harvard, pasando por la "Mafia de PayPal", la Asociación Nacional de Capital Riesgo, In-Q-Tel, DARPA, NSA, CIA, DIA, hasta los peores ladrones de patentes de América: James Chandler, Hillary Clinton, David Kappos, Robert Mueller y el resto del grupo Big-130 Tech. Mark es igual que los otros falsos testaferros elegidos para representar a las otras numerosas empresas de medios sociales.

Continúa...

*https://www.henrymakow.com/2019/06/zuckerberg-is-a-mind-controlle.html*

# *La Hermandad de la Campana* pone al descubierto el control masónico

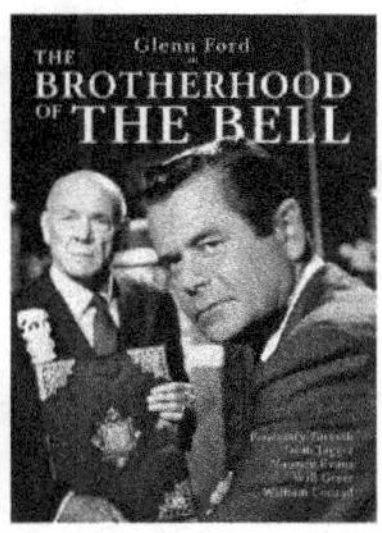


**Una película hecha para la televisión en 1970 es el único drama que describe adecuadamente cómo los banqueros judíos Illuminati han utilizado la masonería para entregar la humanidad a Satanás.**

**Controlan la información y el discurso para que ni siquiera sepamos que somos sus marionetas controladas mentalmente.**

El hecho de que un culto satánico, la masonería, controle la sociedad se confirma por el hecho de que rara vez se menciona en los medios de comunicación. Y si lo es, nunca es retratada en su verdadera luz.

*La* película de 1970 hecha para la televisión *Brotherhood of the Bell* es una rara excepción. Muestra lo que ocurre cuando un exitoso profesor universitario desobedece su voto de secreto. Está disponible en YouTube.

Andrew Patterson, interpretado por Glenn Ford, recibe la orden de chantajear a un amigo íntimo y colega. Cuando el colega se suicida, Patterson se siente consumido por la culpa y jura desenmascarar a la Hermandad.

## UN HOMBRE “HECHO”

Patterson tiene el aire de un hombre hecho a sí mismo. Pero cuando hace público el suicidio, descubre que su éxito se debe en gran parte a su pertenencia durante 20 años a la "fraternidad".

Le retiran las becas y se queda en paro. De repente, la empresa de ingeniería de su padre es auditada y acusada de fraude. Su mujer se enfada por su estúpido "honor" y hace las maletas.

En una escena maravillosa, se da cuenta de que no sólo debía su éxito a esta secta, sino también a su mujer. Su padre es miembro de la

Hermandad. "Fuiste parte de mi recompensa", le dice. "Lárgate de aquí".

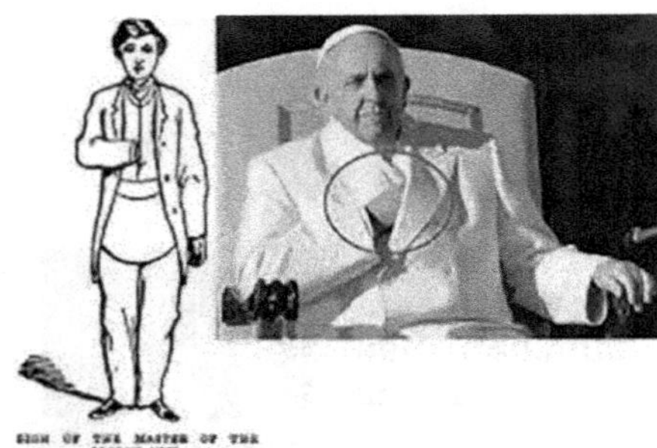

El Papa Francisco ha hecho un fetiche de señalar su lealtad a Satanás

La película capta la ingenuidad de Patterson. Fue miembro de este grupo durante 20 años, pero aparentemente no se da cuenta de su verdadera naturaleza satánica ni del alcance de su poder. No se da cuenta de que el Presidente de los EE.UU. y todos los demás de importancia están involucrados en esta conspiración.

La película fue escrita por David Karp (*"Los intocables", "Los defensores"*), basada en su novela, y dirigida por el veterano director de televisión Abraham Paul Wendkos (*"Ben Casey", "Dr. Kildare"*). Cuando una telespectadora intenta relacionarla con la "conspiración judía" es totalmente desacreditada y abucheada.

De hecho, los francmasones representan una clase dominante de gentiles traidores puestos en el poder por los banqueros centrales judíos para hacer avanzar su perniciosa agenda. Por alguna razón, a pesar de traicionar a sus compatriotas de la manera más atroz, los opositores de la "Conspiración Judía" rara vez los mencionan.

Por lo demás, la película es bastante realista. Chisporrotea con la intensidad característica de la Edad de Oro del drama televisivo, y capta la impotencia del individuo frente a una conspiración tenebrosa, bien organizada y financiada.

Patterson consigue reclutar a otro miembro de la Hermandad para su causa, y la película termina con esta nota positiva aunque dudosa. Si la humanidad sigue el camino de los dinosaurios, o continúa descendiendo a un estado de esclavitud comatosa, será porque los hombres no se levantaron, como hace Andrew Patterson.

En lugar de eso, eligieron el camino fácil: El beneficio personal traicionando a su comunidad y su cultura a una conspiración satánica alienígena.

Ahora sólo nos queda recoger el torbellino.

# El pacto secreto satanista

**El 25 de marzo de 2004, Edward Griffin recibió por correo electrónico una copia de un documento titulado *El Pacto Secreto*. Parecía ser el plano de una conspiración maestra para dominar el mundo.**

**El autor era anónimo y el texto original, fechado el 21 de junio de 2002, procedía de una dirección de correo electrónico que no funcionaba. Aunque Griffin cree que los sentimientos son correctos, duda de la autenticidad de este documento. Decídete por ti mismo.**

***El pacto secreto de los Illuminati***

**"Será una ilusión, tan grande, tan vasta** que escapará a su percepción.

> "Los que lo vean serán considerados dementes. Crearemos frentes separados para evitar que vean la conexión entre nosotros. Nos comportaremos como si no estuviéramos conectados para mantener viva la ilusión. Nuestro objetivo se cumplirá gota a gota para no levantar sospechas sobre nosotros. Esto también evitará que vean los cambios a medida que se producen.
>
> "Siempre estaremos por encima del campo relativo de su experiencia porque conocemos los secretos de lo absoluto. Trabajaremos siempre juntos y permaneceremos unidos por la sangre y el secreto. La muerte llegará a quien hable.
>
> "Mantendremos su esperanza de vida corta y sus mentes débiles mientras fingimos hacer lo contrario. Utilizaremos nuestros conocimientos de ciencia y tecnología de forma sutil para que nunca vean lo que está ocurriendo. Utilizaremos metales blandos, aceleradores del envejecimiento y sedantes en los alimentos y el agua, también en el aire. Estarán cubiertos de venenos por todas partes.

Los metales blandos les harán perder la cabeza. Prometeremos encontrar una cura desde nuestros muchos frentes, pero les alimentaremos con más veneno. Los venenos serán absorbidos por su piel y su boca; destruirán sus mentes y sus sistemas reproductivos.

De todo esto, sus hijos nacerán muertos, y ocultaremos esta información.

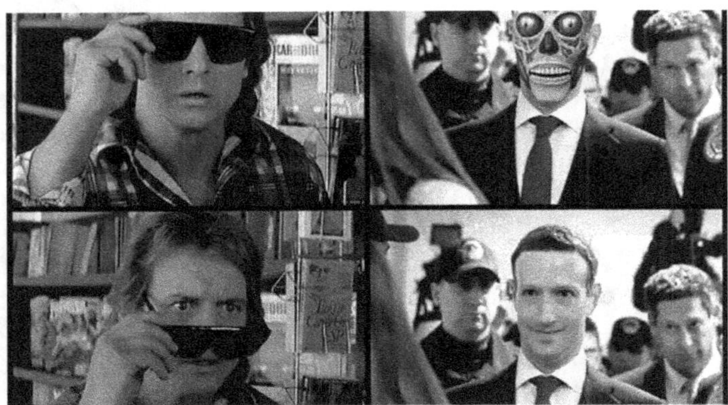

Globalistas, como se ve usando gafas de sol Truther.

Los venenos estarán ocultos en todo lo que les rodea, en lo que beben, comen, respiran y visten. Debemos ser ingeniosos a la hora de dispensar los venenos, porque pueden ver muy lejos. Les enseñaremos que los venenos son buenos, con imágenes divertidas y tonos musicales. Les ayudarán aquellos a quienes admiran. Los reclutaremos para que impulsen nuestros venenos.

**"Verán cómo se utilizan nuestros productos en las películas, se acostumbrarán a ellos y nunca conocerán su verdadero efecto. Cuando den a luz, inyectaremos venenos en la sangre de sus hijos y les convenceremos de que es por su bien. Empezaremos pronto, cuando sus mentes son jóvenes; nos dirigiremos a sus hijos con lo que más les gusta a los niños, las cosas dulces."**

Cuando sus dientes se pudran, los llenaremos de metales que matarán su mente y robarán su futuro. Cuando su capacidad de aprender se haya visto afectada, crearemos medicinas que les harán enfermar más y les causarán otras enfermedades para las que crearemos aún más medicinas. Con nuestro poder los haremos dóciles y débiles ante nosotros. Se volverán depresivos, lentos y obesos, y cuando acudan a nosotros en busca de ayuda, les daremos más veneno.

## MATERIALISMO

"Centraremos su atención hacia el dinero y los bienes materiales para que nunca conecten con su ser interior. Los distraeremos con la fornicación, los placeres externos y los juegos para que nunca sean uno con la unidad de todo. Sus mentes nos pertenecerán y harán como les digamos. Si se niegan, encontraremos la forma de introducir en sus vidas tecnología que altere su mente.

**Utilizaremos el miedo como arma. Estableceremos sus gobiernos y estableceremos opuestos en su interior. Seremos los dueños de ambos bandos. Ocultaremos siempre nuestro objetivo, pero llevaremos a cabo nuestro plan. Ellos realizarán el trabajo por nosotros y nosotros prosperaremos gracias a su esfuerzo.**

"Nuestras familias nunca se mezclarán con las suyas. Nuestra sangre debe ser siempre pura, porque es el camino. Haremos que se maten entre ellos cuando nos convenga. Los mantendremos separados de la unidad mediante el dogma y la religión. Controlaremos todos los aspectos de sus vidas y les diremos qué pensar y cómo. Les guiaremos amable y gentilmente haciéndoles creer que se guían a sí mismos.

Fomentaremos la animosidad entre ellos a través de nuestras facciones. Cuando una luz brille entre ellos, la extinguiremos mediante el ridículo o la muerte, lo que más nos convenga. Haremos que se arranquen el corazón unos a otros y que maten a sus propios hijos. Lo conseguiremos utilizando el odio como aliado, la ira como amiga. El odio les cegará totalmente, y nunca verán que de sus conflictos surgimos como sus gobernantes.

Estarán ocupados matándose unos a otros. Se bañarán en su propia sangre y matarán a sus vecinos durante el tiempo que consideremos oportuno...

"Siempre les ocultaremos la verdad divina, que todos somos uno. Nunca deben saberlo. Nunca deben saber que el color es una ilusión; siempre deben pensar que no son iguales. Gota a gota, gota a gota avanzaremos hacia nuestro objetivo. Nos apoderaremos de sus tierras, recursos y riqueza para ejercer un control total sobre ellos. Les engañaremos para que acepten leyes que les robarán la poca libertad que tendrán. Estableceremos un sistema monetario que los aprisionará para siempre, manteniéndolos a ellos y a sus hijos endeudados.

**"Cuando se unan, les acusaremos de crímenes y presentaremos una historia diferente al mundo, porque seremos los dueños de todos los medios de comunicación. Utilizaremos nuestros medios de comunicación para controlar el flujo de información y sus sentimientos a nuestro favor. Cuando se levanten contra nosotros, los aplastaremos como a insectos, porque son menos que eso. No podrán hacer nada porque no tendrán armas.**

"Reclutaremos a algunos de los suyos para llevar a cabo nuestros planes; les prometeremos la vida eterna, pero vida eterna que nunca tendrán porque no son de los nuestros. Los reclutas serán llamados "iniciados" y serán adoctrinados para creer falsos ritos de paso a reinos superiores.

Los miembros de estos grupos pensarán que son uno con nosotros sin saber nunca la verdad.

Nunca deben aprender esta verdad porque se volverán contra nosotros. Por su trabajo, serán recompensados con cosas terrenales y grandes títulos, pero nunca se convertirán en inmortales y se unirán a nosotros, nunca recibirán la luz y viajarán por las estrellas. Nunca alcanzarán los reinos superiores, porque el asesinato de su propia especie les impedirá el paso al reino de la iluminación. Esto nunca lo sabrán.

La verdad estará oculta en su cara, tan cerca que no podrán enfocarla hasta que sea demasiado tarde. Oh sí, tan grande será la ilusión de libertad, que nunca sabrán que son nuestros esclavos....

Conclusión de Makow - Cabe destacar que los satanistas son conscientes de la "Unidad".

Saben que están desafiando a Dios.

# El neurólogo Andrew Moulden fue asesinado por denunciar el fraude de las vacunas

**A menudo un cometa atraviesa el cielo nocturno y no lo vemos. Así que Andrew Moulton, un verdadero campeón de la verdad y la libertad es asesinado y arrojado por el agujero de la memoria, mientras que los charlatanes y traidores son honrados y ricamente recompensados. Nuestra sociedad está muy enferma.**

**Relacionado - Dr. Andrew Moulden: Todas las vacunas producen daños microvasculares**

**(Bitchute)**

Andrew Moulden (1963-2013) debería haber recibido un Premio Nobel por demostrar cómo la "industria sanitaria" está envenenando a la población general con las vacunas. Mostró cómo las vacunas eran responsables de causar "apoplejías microscópicas" al limitar el flujo de oxígeno en el torrente sanguíneo que llega a los capilares.

Andrew Moulden

En su entrevista de 2009 en vactruth.com, Moulden declaró:

> "Ahora he demostrado de forma concluyente que TODAS las vacunas, desde la infantil hasta la geriátrica, están causando exactamente los mismos daños cerebrales, independientemente de la enfermedad o trastorno que aparezca. Los daños son específicos de "mini-accidentes" vasculares terminales que están por debajo de la resolución de nuestras neuro-imágenes, pero medibles en un protocolo de vacunación

> antes/después. También son directamente mensurables en tiempo real - sin embargo, esto implica técnicas y tecnología que aún no he revelado al público."

Y

> "Ya no es una opinión, ya que ahora tengo pruebas concluyentes para demostrar que TODAS las vacunas están causando exactamente los mismos daños para todos nosotros de la misma manera que el virus de la polio salvaje causó parálisis, insuficiencia respiratoria, muerte, hemorragia cerebral, y mucho más."

Por revelar la verdad y tratar de salvar a millones de inocentes de la enfermedad y la muerte, que enriquecen a la industria de la salud y a sus cómplices en el gobierno y los medios de comunicación, Moulden murió prematuramente en 2013 supuestamente de suicidio. Afirmaron que era bipolar, pero los vídeos muestran a un joven neurólogo muy competente y creíble. Se une a las decenas de médicos holísticos denunciados como asesinados en los últimos años.

Un colega del Dr. Moulden que desea permanecer en el anonimato informó a Health Impact News que tuvo contacto con él dos semanas antes de su muerte en 2013.

El Dr. Moulden dijo a nuestra fuente y a un pequeño número de colegas de confianza en octubre de 2013 que estaba a punto de romper su silencio y que daría a conocer nueva información que podría haber destruido el modelo vacunal de gestión de la enfermedad, destruido una importante fuente de financiación de la industria farmacéutica y, al mismo tiempo, dañado gravemente los cimientos de la teoría germinal de la enfermedad. Estaba dispuesto a volver. Aunque había sido silenciado, nunca había dejado de investigar.

Luego, dos semanas después, el Dr. Moulden murió repentinamente...

Escribe:

> "El resultado final de mis centradas y tenaces investigaciones... ha sido el descubrimiento no sólo de la causa del autismo inducido por las vacunas y otras morbilidades médicas, sino también de los medios para demostrarlo a todo el mundo caso por caso. Además, las respuestas que han surgido también han resuelto otros enigmas médicos y han culminado en una reescritura del modelo médico completo de Louis Pasteur, y de las medicinas alopáticas de estilo occidental contemporáneas: "La teoría de los gérmenes" de las enfermedades humanas.

"Resulta que la razón por la que nos hemos hecho un "lío" con las vacunas de talla única, específicamente, y con los antibióticos y las medidas farmacéuticas de contraataque, en general, es que la Teoría de los Gérmenes era sólo eso: una teoría, que ha resultado ser errónea, en aspectos muy fundamentales. Estoy deseando compartir con el mundo lo que he descubierto".

"Haber resuelto este misterio médico, ha dado lugar a la solución no sólo para la causa del autismo, por para muchas otras dolencias de mamíferos, "enfermedades" , y el mecanismo por el cual muchas enfermedades infecciosas, incluyendo el tétanos, la viruela, la gripe española, la rubéola, el sarampión, y otros, han estado causando daños y enfermedades en el cuerpo humano.

"Resulta que el enemigo no son los gérmenes, a los que "atacamos" con vacunas y medicamentos. Es algo en los propios sistemas de defensa del organismo. Estoy deseando revelar al mundo este misterio médico, que ha estado envuelto en la oscuridad.

Veo la verdad".

# Género - Vax Mob ataca a mi nieta

**"Sin excepción casi, todas nuestras Autoridades, Profesores, Concejales, VP, Directores, Gobiernos, MSM, y Quién Sabe Todos los demás, están empeñados en destruir, nuestro Género, Familias, Valores, y de hecho, nuestras vidas. Usarán todos sus Recursos, y el Dinero de Nuestros Impuestos, para destruirnos a través del Miedo y la Fuerza".**

**"Ahora estoy en la lucha de mi vida, no la mía, sino la suya".**

**Por Anon**

Mi nieta solía ser inteligente, muy leída, bien hablada, educada, cariñosa, amable, estudiosa y una gran esperanza para nuestra familia.

La gente no sólo es estúpida. Son viciosos.

Hace unos 30 días, se cortó el pelo y se lo tiñó medio negro, medio rojo. Sabíamos que la acosaban en el colegio porque no estaba vacunada. Sin embargo, tras discutirlo, todos creímos que podría capear el temporal. No voy a entrar en detalles; use su imaginación. Hace unas semanas, empezó a derrumbarse. Empezamos a tener explosiones de comportamiento destructivo irracional.

Ahora nuestra nieta está haciendo muy mal en la escuela, ruidoso / gritando, mal hablado, vengativo, auto-abusivo, abusivo con otros miembros de la familia, llorando, explotando, y casi físicamente abusivo.

En su mente, somos abusivos, vengativos, violentos, indiferentes, insolidarios, supremacistas blancos, homófobos, transgénerofóbicos, lo que sea, lo somos.

Ahora nos enteramos de que una terapeuta ha estado asesorando en secreto a nuestra nieta. Lo primero que sale de su boca es que es transexual. En la puerta de su consulta, tres líneas dicen: "Transgénero está bien - Si tus padres no te apoyan. Ven a buscar AYUDA".

Anoche tuvimos una pelea delante de cuatro miembros de la familia en la que nos dijo a todos que nos fuéramos de su casa. El detonante fue que le dijimos que íbamos a sacarla de la escuela, quitarle el teléfono y reasentarla en una granja en el norte de Columbia Británica.

Esto no era aceptable para ella, que podría hacerse daño Etc. Ahora nos encontramos en una posición paralizada muy difícil. ¿Cómo salvamos a nuestra nieta sin empeorar las cosas?

Hay otras familias en situaciones similares. Han abierto una brecha entre los vacunados y los no vacunados. Es una tormenta perfecta y una guerra contra nuestros hijos.

Como si esto no fuera suficiente, los profesores y la vicepresidenta están convocando reuniones e investigaciones exhaustivas, centradas principalmente en nuestra hija. Quieren ver qué clase de madre es. Tememos, que si etiquetan a cualquiera de nosotros como Transgénero Fóbico, u Homo Fóbico, las Autoridades tratarán de poner a nuestra nieta en una casa a medio camino para terminar el trabajo.

Gente, lo sepáis o no, estamos en GUERRA, a nivel personal.

Casi sin excepción, todas nuestras Autoridades, Profesores, Concejales, Vicepresidentes, Directores, Gobiernos, MSM, y Quién Sabe Todos los Demás, están empeñados en destruir, nuestro Género, Familias, Valores, y de hecho, nuestras vidas. Utilizarán todos sus Recursos, y el Dinero de Nuestros Impuestos, para destruirnos a través del Miedo y la Fuerza.

No te equivoques, si tú o tus seres queridos sufrís un ataque similar, VOZ YA. Mi familia y yo estamos en la lucha de nuestras vidas. No me importa mi vida ahora, sólo las vidas de nuestros hijos, y nieta.

Si alguien más ha pasado por esto o algo parecido, ¿cómo lo ha llevado? ¿Tiene algún consejo? Mi nieta cumplirá 18 años dentro de 2 meses

## LA PERSECUCIÓN A LA QUE SE ENFRENTA NUESTRO GD

Desde el principio, instruimos a nuestra nieta en sus derechos. Nadie tiene derecho a hacer preguntas sobre nuestro estado de salud, y punto. Esto funcionó durante un tiempo. Allá donde iba, a las tiendas, etc., defendía sus derechos sin apenas oposición.

En la escuela, era la única alumna que no llevaba mascarilla, con el mismo razonamiento. La presión aumentó, por parte de los profesores, del personal de y de los alumnos. La presión aumentó gradualmente hasta el punto de que la aislaron en el fondo de la clase, en una esquina, a una distancia de 2 metros de cualquier otro pupitre.

Ensayo de la banda en plena histeria COVID

Los profesores le preguntaban una y otra vez por qué no estaba vacunada. Los alumnos se distanciaron de ella y empezaron a burlarse de ella. La insultaban: "antivacunas", "suicídate", etc. En una ocasión, en una excursión escolar, los guardias de seguridad la inmovilizaron contra la pared, exigiéndole documentos sobre su estado de vacunación, mientras la profesora permanecía en silencio.

Los alumnos le preguntaban por qué no se había suicidado ya, y si ella quería, ellos harían el trabajo por ella. El maltrato fue en aumento, hasta el punto de que se atrincheró en el lavabo llorando en el suelo.

A veces, alguien, mantenía la puerta del baño cerrada desde fuera. Los alumnos pueden ser despiadados. En clase de Química, donde estudiaba un 80%, sus compañeros la amenazaron con salpicarle la cara con ácido. Le salpicaron ácido en el pupitre, sin querer o no.

Mi hijo tuvo que rescatarla en varias ocasiones del colegio.

## CONCLUSIÓN

Estamos siendo cultivados y explotados por un Colectivo Destructivo casi invisible, que tiene la intención de destruir la esencia misma del amor, la Paz y la Libertad. Su misión es destruir a nivel personal, familia por familia. Su resultado deseado, es lograr el Control Absoluto, a través del Miedo y la Fuerza, simple y llanamente. Eventualmente usarán el Miedo y la Fuerza a través de la Tercera Guerra Mundial, para borrar sus huellas, por medio del Cebo y el Cambio, uno por el otro, simple y llanamente. Funcionó antes, y ellos creen que funcionará de nuevo.

# Quinto libro

## Dinero, raza y género

# El sistema bancario es responsable de nuestra esclavitud

**Ya tenemos una moneda digital. "Dinero" es sólo dígitos en un libro de contabilidad mantenido por los Rothschild.**

**De vez en cuando producen cupones, es decir, moneda, para que todo parezca real. Se planea un crédito social al estilo chino. Nos controlarán controlando nuestro dinero.**

**La estafa de los cóvidos y las "vacunas" mortales nos han dicho que los políticos y los policías no trabajan para nosotros, sino para el cártel de la banca central que desea encerrar a la humanidad permanentemente.**

**Lo mismo se aplica a los medios de comunicación y a la mayoría de las profesiones. Todos bailan al son del dinero, y Rothschild es el flautista de Hamelin.**

Todo es magia negra. El dinero es sólo dígitos en un libro de contabilidad llevado por los Rothschild.

## ENVENENAMIENTO DE LA SANGRE

Sufrimos un envenenamiento de la sangre. El "dinero" es el suministro de sangre de la sociedad. Este "medio de intercambio" circula como la sangre en el cuerpo humano. Con él, todo el mundo es sanguíneo; sin él, tienes un cadáver.

Desafortunadamente, nuestros descuidados antepasados dieron el control sobre el suministro de dinero a judíos cabalistas y masones que encuentran excusas (guerras, estafas) para producirlo en forma de deuda para ellos mismos.

Obtienen beneficios de ambos lados. Cobran intereses por la deuda que crean de la nada; y sus acciones en empresas de "defensa" y farmacéuticas también aumentan, debido a las falsas guerras y pandemias que inician.

Su objetivo es ampliar su monopolio sobre la creación de dinero a un monopolio sobre literalmente todo (por ejemplo, el pensamiento, la "wokeness") induciendo a la humanidad a su culto satanista de sexo y muerte. Utilizaron el resfriado común como pretexto para diezmar y esclavizar a la humanidad.

## EL DINERO ES UN JUEGO MENTAL

En marzo de 2022, media docena de bancos regionales estadounidenses quebraron perdiendo 500.000 millones de dólares en depósitos. ¿Perdieron su dinero estos depositantes? No. La Reserva Federal acaba de crear otros 500.000 millones de dólares de la nada. Estos satanistas se hicieron con la tarjeta de crédito nacional de EEUU y la están exprimiendo al máximo hasta que el USD colapse.

En los últimos años, los bancos se han vuelto cada vez más activos en la promoción de la agenda globalista. Por ejemplo, mi banco está a favor de la "diversidad": homosexualidad y migración. (Es raro encontrar un cajero hombre blanco en un banco canadiense que no sea homosexual). Del mismo modo, la mayoría de las empresas cantan el mismo himnario globalista.

Todos los bancos son franquicias del sistema bancario central mundial de los Rothschild, igual que algunas tiendas MacDonald's son de propiedad independiente. Pero todos los bancos dependen del banco central para el "dinero". Es por eso que los bancos y las corporaciones que dependen de ellos promueven agendas extrañas como la disfunción de género, la desintegración familiar, el control de armas, la sodomía, el mestizaje y el estatus de minoría para los caucásicos.

## ¿CÓMO ES EL DINERO? ¿A QUÉ SE PARECE? (CUANDO NO ES MONEDA)

Cuando hago un cheque a la compañía del gas, no llega un furgón blindado a mi banco, recoge el dinero de mi cuenta y lo entrega al banco de la compañía del gas. Lo único que ocurre REALMENTE es que cambian algunos dígitos en los dos bancos.

Mi cuenta bancaria no es un pequeño buzón con dinero en efectivo. Mi cuenta es sólo un número en sus libros que significa lo que me deben si, Dios no lo quiera, decido retirar el dinero.

Cuando utilizamos nuestras tarjetas de crédito o cuando compramos una acción, lo único que ocurre es que se ajustan las cuentas.

En realidad estamos haciendo negocios con los Rothschild. Nuestros pequeños ahorros son en realidad su "crédito" mágico, una parte de la "deuda" nacional que les debemos, "dinero" que crearon de la nada y "prestaron" al gobierno. Es un reflejo de la capacidad del gobierno para pagar, aunque nunca lo hará.

El sistema bancario es un vasto sistema de cuentas. El dinero no existe en realidad, salvo una pequeña cantidad en cupones de papel (moneda). "Dinero" es un concepto abstracto que denota valor.

## MEDIO DE INTERCAMBIO

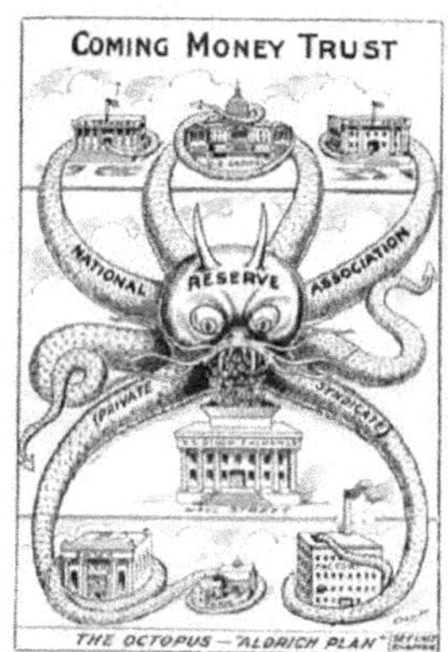


El dinero es un medio de intercambio. Piense en él como corriente eléctrica en lugar de moneda. Básicamente es un sistema de crédito virtual que es la savia de toda economía.

¿A quién pertenece esta franquicia? ¿Este sistema de cuentas? ¿Quién suma o resta crédito?

¿Quién decide quién juega?

Un sindicato de familias bancarias judías, en su mayoría cabalistas (masónicas), dirigidas por los Rothschild.

Por desgracia, estos cabalistas son satanistas. Están decididos a proteger y extender este monopolio bancario a un monopolio sobre todo - la riqueza real, el poder político, el conocimiento, los medios de comunicación, la educación, la cultura, la religión, la ley, etc.

Quieren adueñarse de nosotros y también de nuestros hijos. (Somos la garantía de la deuda nacional.) Esta es la esencia del comunismo y el Nuevo Orden Mundial que está en gran parte en su lugar. El objetivo es esclavizar gradualmente a la humanidad. Cuando finalmente se deshagan del dinero en efectivo, podrán cortar nuestro "crédito" en cualquier momento.

¿Cómo mantienen el control? Controlan los cárteles empresariales que dependen de los bancos. Estas corporaciones financian a los políticos que siguen las órdenes de los banqueros.

Muchos de estos políticos son masones.

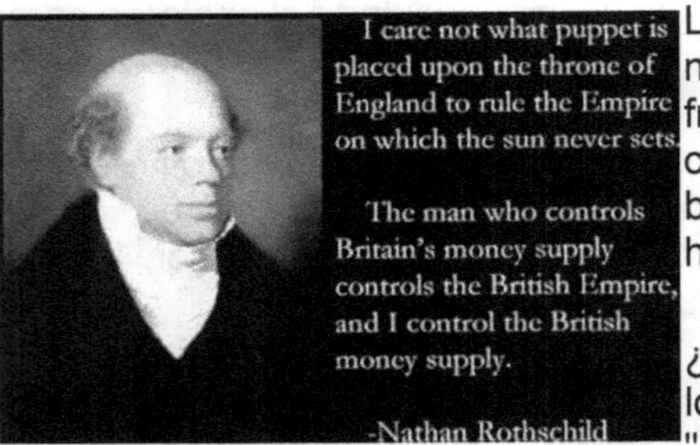


La judería organizada y la masonería son cómplices en el fraude bancario. En general, la complicidad en el fraude bancario es el precio del éxito hoy en día.

¿Por qué es un fraude? Porque los gobiernos soberanos podrían "generar su propia electricidad" sin intereses ni deudas. No necesitaríamos vender nuestra alma ni el Derecho de Nacimiento de nuestros hijos.

## EL ESTADO PROFUNDO

El "Estado Profundo" es la red secreta dedicada a proteger el sistema bancario fraudulento y avanzar en su agenda satánica. La mayoría de los actores pertenecen a la masonería o a la judería organizada.

Las agencias de inteligencia como la CIA, el Mossad y el MI-6, la policía y el ejército son los ejecutores de los banqueros. La vigilancia masiva (la NSA, etc.) garantiza que a nadie se le ocurra nada.

La humanidad está condenada a menos que se nacionalice el banco central, se repudie la "deuda" y se cree dinero libre de deuda e intereses.

Es cuestión de si la humanidad se dedicará a hacer aún más ricos a los trillonarios satanistas, o a elevar a todo el mundo hasta donde pueda empezar a realizar su potencial Divino.

# Los Rockefeller concibieron el BRICS en 1956 como una estratagema del NOM

**Dialéctica judía masónica. Mientras que el lado sionista es desacreditado y destruido, la humanidad abrazará el NWO comunista pensando que representa la libertad.**

**Extractos del Rockefeller's *Prospect for America* 1956**

**El Plan Rockefeller para el Nuevo Orden Mundial de los BRICS, en sus propias palabras...**

*https://redefininggod.com/2014/11/the-rockefeller-plan-for-the-brics-new-world-order-in-their-own-words/*

**Extractos de Ken**

> "El pueblo chino se rebelaría contra la dominación extranjera abierta, pero abrazaría su lugar en el NOM si creyera que tiene el control".

Los chinos han sufrido mucho a manos del imperialismo occidental, al igual que gran parte del mundo. Como resultado, los Illuminati tendrían problemas para atar a muchas naciones a un Nuevo Orden Mundial liderado por Occidente, especialmente a los nacionalistas chinos. Dado que no se puede tener un orden verdaderamente global sin la nación más poblada de la Tierra, los Illuminati optaron por utilizar su propio legado de destrucción en su beneficio. Su estrategia en dos partes para hacerlo es la siguiente:

1. Establecieron una alianza centrada en China como fuerza opuesta a la alianza occidental.

Esta parte de la estrategia fue insinuada en la prensa dominante en este artículo de UPI de 2002, titulado "China quiere su propio "Nuevo Orden Mundial" para oponerse a la versión estadounidense." Es práctica común de la Cábala utilizar fuerzas opuestas para lograr sus fines, y siempre se aseguran de tener influencia o control sobre ambas partes.

2. Han estado llevando a la opinión pública mundial a manos de la alianza china.

Han instigado acciones escandalosas y provocadoras, tanto económicas como militares. Esto añade una nueva visión de la criminalidad de Wall Street y la City de Londres y de los recientes derroches militares occidentales en Afganistán, Irak, Egipto, Libia y Siria.

Han expuesto ampliamente información perjudicial sobre las naciones occidentales, especialmente los EE.UU.. Esta es la motivación de WikiLeaks, Snowden y miles de revelaciones menores. Y después de que Snowden sacara a la luz pública las actividades de la NSA, ¿dónde corrió a esconderse?

Primero a China (Hong Kong), luego a Rusia. ¿Cuál es el mensaje psicológico? China y Rusia (la alianza BRICS) son los lugares a los que hay que huir en busca de seguridad frente al malvado Estados Unidos, sus aliados occidentales y todos sus horribles comportamientos.

Es realmente muy simple: los Illuminati construyeron una trampa para conejos (en la alianza BRICS) que parece un agujero agradable y seguro para esconderse del peligro. Ahora están golpeando los arbustos (con las potencias occidentales) para conducir a los conejos hacia la trampa.

Es evidente que los globalistas tuvieron en cuenta "las aspiraciones de los pueblos de todo el planeta... de salir rápida y definitivamente de la era del colonialismo" en su planificación del Nuevo Orden Mundial.

Por esta razón se formó la alianza BRICS y se diseñó el NWO de forma multipolar. Quieren que los pueblos oprimidos del mundo se unan y se vean venciendo a Occidente.

Y quieren hacerles creer que el Nuevo Orden Mundial multipolar de los Illuminati representa su victoria final sobre la opresión y su ascensión a la igualdad, cuando en realidad es sólo el comienzo de una nueva fase de subyugación y su caída en la igualdad como siervos globales.

Para terminar, diré simplemente que cualquier solución global que se nos ofrezca en los próximos años es, de hecho, una solución globalista.

Si no te reúnes con tus vecinos para empezar a ejercer la autosuficiencia y el control sobre tu vida, caerás por defecto en la dependencia y el control globalistas.

Y si no te reúnes con los de tu comunidad local para idear una moneda (u otro método de comercio/ trueque) propia, acabarás utilizando por defecto la moneda de los banqueros, . El poder que no se toma en las propias manos se deja en manos de los depredadores que se aferran a él.

Así que mientras las noticias de primera página presentan titulares estridentes sobre el supuesto conflicto entre Occidente y Oriente, encontrarás la verdad un poco más al fondo del periódico: que todos estos tipos políticos trabajan para los mismos jefes y en realidad son compinches entre bastidores. No te dejes distraer por el teatro público de marionetas.

# La verdadera finalidad de los impuestos

**Peter Colt escribe:**

Para ampliar su reciente artículo sobre el dinero, permítame explicarle para qué sirven los impuestos y por qué existen.

Todos sabemos que el poder es dueño del sistema monetario y que puede imprimir para sí todo el dinero que desee en cualquier momento y por cualquier motivo.

Por supuesto, mucha gente le dirá que esto no se puede hacer porque simplemente imprimir dinero conduce a una hiperinflación al estilo de Zimbabue; pero en realidad, esto se hace todo el tiempo y las naciones ricas y especialmente aquellas cuya moneda es la moneda de reserva mundial pueden salirse con la suya con tales políticas durante mucho tiempo y son muy hábiles para ocultar su creación de dinero en diversas artimañas financieras como los mercados de valores inflados artificialmente, las burbujas inmobiliarias y el fiasco de los derivados.

Esta ocultación de todo este dinero recién creado en el sistema financiero es muy eficaz para prevenir la aparición de la hiperinflación.

La razón por la que se crearon las monedas fiduciarias sin valor en primer lugar es que se puede crear un suministro interminable de este "dinero" de la nada, basado en nada y respaldado por nada.

Los que la crean no necesitan producir bienes ni ofrecer nada de valor con lo que respaldar el valor de la moneda. Simplemente pueden imprimir tanto dinero como necesiten para comprar todo lo que deseen.

A diferencia de lo que ocurre con materias primas como el oro o los alimentos o productos acabados, se pueden crear billones de dólares con un esfuerzo nulo por su parte.

Cero esfuerzo en su creación y cero esfuerzo en su transporte y almacenamiento. La mayor parte del dinero existente ni siquiera tiene forma física, sino que son meras anotaciones en un libro de contabilidad o, en los últimos tiempos, simples dígitos en la pantalla de un ordenador.

Ahora bien, poder imprimir todo el dinero que quieran es una cosa, pero si nadie necesita realmente nada de ese dinero para poder sobrevivir, entonces el poder no podría hacer que la gente aceptara sus trozos de papel sin valor a cambio de bienes y servicios (¿quién cambiaría de buena gana el fruto de su trabajo duramente ganado por un trozo de papel sin valor a menos que tuviera alguna razón para necesitarlo)?

En otras palabras, si nadie tuviera la necesidad de "dinero" con el que pagar sus impuestos, el poder no podría utilizar su "dinero" para adquirir cosas, hacer guerras, comprar combustible, pagar a soldados, comprar oro, sobornar a funcionarios, manipular los mercados financieros, etc.

Ahora bien, en este punto, algunas personas dirán que el dinero sirve como una especie de ficha de trueque para facilitar el comercio, y por supuesto, esto es correcto, pero no hay que perder de vista el hecho de que la gente podría utilizar cualquier cosa que acuerden como ficha de trueque.

Los poderosos utilizan los impuestos como medio para obligar a que su propio "dinero" sea aceptado como la única forma de fichas de trueque con las que alguien realmente necesita comerciar.

Como ven, los impuestos están ahí para crear una demanda permanente de esta moneda ficticia exigiendo que la gente (y las empresas) adquieran este "dinero" para poder pagar sus impuestos.

El poder no necesita el dinero de tus impuestos para sobrevivir; lo que necesita es que te veas obligado a cambiar toda tu vida de trabajo por su moneda esencialmente sin valor.

Tienen que dar a la sociedad una razón para necesitar su dinero. Su existencia depende de ello.

Y además, lo justifican todo ante la población pasándose la culpa. Inflan esas burbujas, como la de la vivienda, y luego reducen la oferta monetaria para obligar a mucha gente a declararse en quiebra y luego "embargan" los activos comprados con la moneda fraudulenta y culpan a los que estafaron mediante la manipulación del mercado por ser irresponsables y asumir una carga de deuda demasiado grande.

# ¿Puede un judío identificarse con los "blancos

**Creo que las personas se definen por su comportamiento individual, no por su origen racial o étnico.**

**Naturalmente, pienso así porque soy judío y no quiero que me definan por el comportamiento de otros judíos a los que critico. Soy un judío asimilado. Me identifico con las personas de ascendencia europea.**

**Creo que las personas son individuos y deben ser tratadas como tales. La capacidad del individuo para ser único es la esencia misma de la libertad. Los descendientes de europeos deben conservar su identidad nacional, como hacen los africanos y los asiáticos en sus propios países. Quiero que todos prosperen en sus patrias nacionales.**

**La migración del Tercer Mundo y el multiculturalismo están siendo impuestos por los banqueros centrales cabalistas que consideran a las personas de origen europeo como un desafío a su tiranía mundial en desarrollo. Los europeos conservan un residuo de cristianismo que los cabalistas, que son satanistas, desean destruir.**

**"Destruiremos toda fuerza colectiva excepto la nuestra", escriben en Los Protocolos de Sion (16-4).**

Rachel Dolezal es una mujer blanca que se identifica como negra.

¿Soy como Rachel Dolezal?

Es una mujer blanca que se identifica como negra.

Soy un judío asimilado que se identifica con personas de ascendencia europea, es decir, "blancos".

¿Soy un impostor?

No sólo no soy antisemita, sino que represento la mejor clase de judío: objetivo, justo y preocupado por el bienestar de la humanidad, no sólo de los judíos. Advierto a los judíos de a pie que la empresa judía no es lo que ellos creen. Han sido engañados y descarriados.

Hay quien piensa que los judíos no son blancos. Son una raza diferente.

Eso dicen los judíos. Lo mismo dicen algunos blancos.

Para empezar, a diferencia de la "negra" Rachel, yo soy blanca.

Soy un Khazar. Los jázaros son caucásicos.

Tengo ascendencia europea. Mi familia vivió en Polonia durante siglos. Mi madre sobrevivió a la guerra porque tenía el pelo rubio y los ojos azules. Mis padres emigraron a Canadá después de la guerra. Yo era un bebé.

Mi madre, con mi hermano en 1958

Es natural que, a pesar de ser judío, me identifique con la mayoría europea que fundó este país. Soy un judío asimilado. La mayoría de los judíos lo son. La judería organizada nos odia porque somos más difíciles de manipular y atacar por dinero. Ayudaron a organizar el holocausto para impedir que nos asimiláramos y para establecer Israel.

Los banqueros centrales judíos y sus cómplices masones están despojando a las naciones fundadoras cristianas europeas. Intento alertar a judíos y gentiles del peligro. Por mis problemas, soy marginado por la mayoría de los judíos y gentiles por igual, (excepto mis fieles lectores.) Otros defensores blancos me desdeñan o cuestionan mi sinceridad.

**GOYIM TONTO**

He recibido respuestas a mis Tweets:

> "Vete a la mierda, judío. No podéis hablar en nombre de los europeos, sois los enemigos del pueblo europeo. Viniste a Canadá como caballo de Troya

y

> "Oh por el amor de Dios. He descubierto por qué nunca condenarás a los judíos. Te busqué en Google y ¡eres judío! No hablas en nombre de los blancos, no eres canadiense, y cuanto antes se libre el mundo de ti y de los de tu calaña, mejor".

y

> "Sí, taqiyaa judía, aquí como un infiltrado pero sirviendo a su tribu.

¿Nunca condenan a los judíos? Obviamente, no han leído mi trabajo. He hecho tanto por alertar a la sociedad del peligro como cualquiera.

Muchos de los excelentes memes de Smoloko están tomados palabra por palabra de mis escritos. Cómo estoy sirviendo a mi "tribu", excepto para advertirles que están en el lado equivocado de la historia?

Temo que judíos inocentes carguen con la culpa de los banqueros y los masones, como hicieron mis abuelos en el holocausto. En el peor de los casos, se culpará a los "judíos" de la Tercera Guerra Mundial.

¿Se supone que soy parte de esta conspiración satánica en virtud de mi nacimiento? ¿No tengo libre albedrío? ¿No tengo principios? ¿No soy primero un individuo?

Ninguna raza o grupo es homogéneo, y menos aún los judíos.

¿Crees que los banqueros dejarían entrar a muchos judíos en su complot? Ellos no tienen amor por los judíos excepto como peones. Son satanistas.

¿Crees que los judíos se apuntarían si supieran la verdad? Judíos como gentiles masones, tienen que ser engañados. Los judíos ordinarios tienen tanto control sobre los asuntos mundiales como los americanos ordinarios.

Cero. ¿Por qué debemos asumir la culpa?

## LEALTADES

Ante todo, me identifico con Dios. Dios es una dimensión en la que la Verdad, la Belleza, el Amor, la Bondad y la Justicia son evidentes.

Dios es Conciencia. La mayoría de nosotros estamos inconscientes, dormidos.

Después de Dios, me identifico primero con el género humano. Después, la tradición cristiana europea, a la que atribuyo lo mejor de la civilización occidental . Soy doctor en literatura inglesa. Después Canadá/Estados Unidos. Y, por último, con mis compatriotas judíos. La mayoría de mis contactos judíos son mi familia.

Suponer que todas las personas de otra raza son iguales es racista.

Apoyo el mantenimiento de la identidad racial, pero ante todo somos individuos. Definimos nuestra propia identidad por nuestro carácter personal, experiencia, creencias y acciones. No nos define la raza, el color, la religión o el sexo.

Sólo siento admiración y respeto por los futbolistas negros, músicos de jazz como Milt Jackson y Oscar Peterson o líderes como un Adam Clayton Powell; y desprecio por los radicales o matones negros. La cuestión no es la "negritud". La cuestión es el comportamiento. No nos definen las políticas de identidad.

Me identifico con los blancos porque los judíos asimilados y los blancos están en el mismo barco, el blanco de una insidiosa conspiración comunista (satanista).

Me identifico con los blancos porque son portadores del residuo del cristianismo, que ha sido la mayor fuerza civilizadora del mundo.

# El feminismo es la manzana envenenada

**Los judíos cabalistas y los masones han estado corrompiendo y socavando la sociedad durante al menos 200 años antes de imponer su perversa tiranía.**

**Prácticamente todo lo que se considera "progresista" y "moderno" es de hecho satánico, diseñado para destruir a aquellos lo suficientemente tontos como para comer la manzana envenenada. La humanidad está satánicamente poseída por el cabalismo - judíos cabalistas y masones, es decir, los Illuminati.**

**El feminismo está diseñado para destruir la dinámica heterosexual, el matrimonio y la familia. Tres generaciones de mujeres han sido adoctrinadas en un conjunto de creencias autodestructivas. Se les ha enseñado a buscar el poder cuando en realidad lo que quieren es amor.**

**¿Cómo puede una mujer encontrar el amor permanente? Encontrando a un hombre digno de su confianza. Para una mujer, amor = confianza. La dinámica heterosexual es el intercambio de poder mundano femenino por poder masculino expresado como amor.**

**¿Por qué ama un hombre a una mujer? Porque ella le entrega su poder.**

Sí, el amor de un hombre está en función de su egoísmo. La ama porque ella se entrega a él. Ella le da poder y se convierte en parte de él. Así es como dos personas se convierten en una. El sexo es el emblema de este vínculo exclusivo.

Las personas que están poseídas satánicamente ya no pueden reconocer el mal, es decir, el feminismo, y mucho menos resistirse a él.

Naturalmente, él quiere que ella sea feliz. No es dominante. La quiere y la respeta. Paradójicamente, cuanto más se entrega ella a él, más le pertenece él.

Las relaciones sexuales son un acto de posesión: un hombre posee a una mujer. Obviamente, esto debe tener lugar en el contexto de una relación comprometida a largo plazo, idealmente el matrimonio. Las mujeres quieren ser poseídas por maridos cariñosos.

Los satanistas (comunistas) han convencido a las jóvenes de que los hombres son unos maltratadores y de que la familia es opresiva. Las mujeres se han tragado el veneno. Millones están amargadas y solas.

El sexo es otro factor. Las mujeres necesitan sexo tanto como los hombres y más. Necesitan mucho. No lo consiguen.

Las mujeres necesitan el amor apasionado de un marido para toda la vida. Cuando un hombre hace el amor con su mujer, está expresando sus sentimientos, no sólo su lujuria. Expresa su gratitud por todo lo que ella hace por él y por su familia.

En una situación de enganche, un hombre sólo se está aliviando a sí mismo. Es lo contrario de la adoración que anhelan las mujeres.

Como resultado, muchas mujeres de izquierdas están sexualmente frustradas y son disfuncionales. Lo compensan con el lesbianismo, la obesidad y la política radical, exactamente lo que quieren los satanistas.

Estas mujeres hacen de la necesidad virtud. Actúan "chic" y fingen defender la justicia social.

En realidad no son más que ilusos. Muertos en la carretera hacia la distopía.

El hecho de que OnlyFans tenga 91 millones de usuarios demuestra que las relaciones entre hombres y mujeres están rotas.

## EL FEMINISMO HA DEFENDIDO EL PORNO

El feminismo pretende defender a las mujeres. De hecho, destruye la feminidad.

Las mujeres quieren una relación comprometida para toda la vida. Él es su Rey. Ella es su Reina. Su sexualidad es la joya de la corona de su matrimonio.

Que las mujeres se lo den a todo el mundo es, como mínimo, contraproducente. Que las mujeres posen desnudas es deshumanizante, desexualizante, el equivalente a una histerectomía.

¿Qué cualidades hacen que una mujer resulte atractiva para un hombre? ¿Son sólo físicas?

Son la inocencia, la sumisión, la dulzura de temperamento, la modestia, la dignidad, el carácter, la alegría, el ingenio, el talento, la pureza, la calidez, el ingenio, el cariño y la inteligencia.

¿Se fomentan estas cualidades en nuestra cultura del enganche? ¿Saltando de cama en cama? ¿Enseñando a las chicas que su valor reside en su atractivo sexual? ¿Enseñando que la masculinidad es tóxica y el lesbianismo es guay?

Por supuesto que no, porque los satanistas quieren que los hombres y las mujeres sean incompatibles. Quieren que las mujeres se dejen dirigir por ellos, no por sus amados maridos. Así, muchas mujeres son recaderos de los satanistas, especialmente en los medios de comunicación, la educación, el derecho y el gobierno. Estas mujeres izquierdistas son incautas y traidoras a la sociedad.

El engaño del coronavirus prueba que la sociedad ha sido subvertida por gente que quiere esclavizarnos. Son francmasones y judíos cabalistas empoderados por el cártel bancario mundial cabalista.

Quieren que comamos la manzana envenenada y muramos.

¿Le complacemos?

# Programación de la Diosa del Sexo

***La veneración de la mujer (es decir, del sexo) la ha vuelto tan arrogante "que a veces uno recuerda a los simios sagrados de Benarés que, conscientes de su propia santidad e inviolabilidad, se creían en libertad de hacer lo que les viniera en gana."* - Arthur Schopenhauer (1788-1860)**

**Inocentes, no tenemos idea de cuan destructiva ha sido la inflacion de mujeres hermosas y sexo. El satanismo trata de reemplazar a Dios con falsos dioses como estos. Ellos venden ilusiones.**

**A los hombres les han lavado el cerebro para que adoren literalmente a las mujeres y el sexo.**

Hedy Lamarr, 1914-2000

**Esto puede verse en los escándalos #MeToo. Los hombres muy elegibles no pueden encontrar vidas sexuales satisfactorias porque ven a las mujeres estrictamente en términos sexuales. No pueden relacionarse con las mujeres como seres humanos.**

**En lugar de revelar la verdad, o elevarnos, las películas y la televisión ahora son en su mayoría agitprop, es decir, propaganda comunista. Por eso nunca vemos películas sobre la subversión judía comunista de Occidente, películas sobre auténticos patriotas como Louis McFadden, Charles Coughlin, Bella Dodd, Charles Lindbergh, Joseph McCarthy, Henry Ford o Whitaker Chambers.**

Tengo la corazonada de que el deseo sexual está en parte en la mente. Estamos programados para desear sexo, pero podríamos estar programados para desear experiencias místicas o realizar actos desinteresados en su lugar.

Deseamos lo que nuestros maestros Illuminati nos enseñan a desear y somos "felices" si lo conseguimos. Seres mentales más que espirituales, estamos programados para ser adictos al sexo por los satanistas que controlan los medios de comunicación de masas.

Un sueco de 22 años escribió: "La mayoría de mis amigos ven a las mujeres como el santo grial. Prácticamente toda su existencia se basa en "echar un polvo". Es como si nos estuviéramos convirtiendo en animales. Quizá ese sea su objetivo. Y si no consigues mujeres, eres un perdedor...".

La autobiografía de Hedy Lamarr, *Éxtasis y yo* (1966), me hizo pensar en la programación sexual. Lamarr fue el mayor símbolo sexual de Hollywood en los años cuarenta. Me recordó a todos los símbolos sexuales que utilizaron para programarme: Brigitte Bardot, Marilyn Monroe, Sophia Loren, etc. Estas mujeres eran tratadas como diosas, y sus sucesoras siguen siéndolo.

Hollywood programa a los hombres para que busquen ante todo la perfección física y el sexo, lo que da lugar a un desarrollo detenido.

Además, a las mujeres guapas se las presenta como moralmente superiores y, al mismo tiempo, satisfacen todas las necesidades físicas y emocionales del hombre. Esta programación crea expectativas poco realistas. Desestabiliza la sociedad colocando a las mujeres en un pedestal, dándoles un poder que no se han ganado ni merecen y haciendo que los hombres teman acercarse a ellas.

En general, utilizan a las mujeres para restar poder a los hombres, como Eva y Adán.

## HEDY LAMARR

Hedy Lamarr resultó ser judía. Se la consideraba "la mujer más bella del mundo" por su rostro. Aunque sus pechos eran pequeños, mostrarlos cuando era adolescente en la película austriaca "Éxtasis" (1933) le dio notoriedad. En la misma película, también hizo la mímica de las expresiones faciales de una mujer durante el coito, lo que se consideró innovador.

Parece que toda la trayectoria del siglo XX fue hacer del sexo el foco principal y el propósito de la vida. Así es como funciona la posesión satánica. (El sexo ya era aceptado en el contexto del matrimonio).

Hay un lado positivo. Hemos pasado por una adolescencia colectiva y hemos madurado. Mucha gente ahora puede ver el sexo y el amor romántico como los delirios que son. Andy Warhol llamó al sexo "la mayor nada del mundo". Sin embargo, los Illuminati siguen controlando a la mayoría de la gente de esta manera. El MSM proporciona constante excitación sexual.

Hedy Lamarr prefería a los hombres, pero también practicaba el sexo lésbico. La gente la consideraba "una buena chica" por su aspecto sofisticado, pero no lo era. Todo el mundo la deseaba, y a menudo ella estaba dispuesta. Pero a su favor hay que decir que no utilizaba el sexo para avanzar en su carrera. No fornicaba con Louis B. Meyer, por ejemplo.

Hedy Lamarr ayudó a inventar un "sistema de salto de frecuencia" para torpedos, una técnica que ahora se utiliza para Wi-fi. Sin embargo, era estúpida emocionalmente. Se casó seis veces. Se casó con un hombre en la primera cita.

Los maridos la acusaban de "quererlo todo" y "sólo ser capaz de quererse a sí misma". Culpaba a su belleza de atraer a la gente equivocada. Pasó de ser millonaria a la indigencia al cumplir 50 años. Fue detenida por robar en una tienda en 1966, pero el jurado la absolvió por los viejos tiempos. Finalmente, se aseguró la vejez demandando a quienes no estaban autorizados a utilizar su imagen y haciendo sus pinitos en bolsa.

## HOLLYWOOD

Incluso en los años treinta y cuarenta, Hollywood era un pozo negro sexual. Es una tragedia que estos degenerados nos definan la realidad. Encontré divertido este diálogo entre Lamarr y un agente. Fue elegida para el papel de Dalila en la epopeya de Cecil B. DeMille, *Sansón y Dalila* (1949). Tanto DeMille como el agente eran judíos.

Agente: "Mezclas músculos, tetas y sadismo y tienes taquilla. Añades un genio como C.B. con todo el dinero del mundo y tienes importancia. De hecho, cada película que hace el viejo es significativa".

HL: "¿Qué me pongo?"

Agente (lascivo): "Nada, sólo un poco de oro y trapos."

HL: ¿Quién interpreta a Sansón?

Agente: Están pensando en Victor Mature. Pero a quién le importa. Es sólo un cuerpo para ponerte en la ruina. Músculos y tetas endulzados con religión; es para ti". (p.136) **Lisa escribe:**

Los EE.UU. están seriamente bajo control satánico porque las mujeres y los hombres no ven cómo se están perjudicando mutuamente. Hombres que quieren sexo fácil sin compromiso y mujeres que ceden rápidamente esperando que un hombre la "salve" con el matrimonio y una vida segura de clase media-alta.

Ambas partes están bajo el control satánico y el engaño de lo que los hombres y las mujeres pueden ofrecer el uno al otro y deben ser el uno para el otro. Me he dado cuenta de este control satánico toda mi vida y, sin embargo, me parece tan extraño que muchas mujeres y hombres no puedan verlo. Espeluznante, pero en última instancia triste que las mujeres y los hombres no ven el verdadero valor y la bendición que son el uno para el otro.

# Los hombres buscan compañeras, no almas gemelas

**Thomas Hardy y T.S. Eliot se casaron con sus secretarias.**

**Dostoievski se casó con su traductora. Yo me casé con mi webmaster.**

**Fue amor a primera vista.**

**Los hombres han seguido su propio camino (MGTOW.)**

**He aquí por qué.**

**Antes de que los satanistas convirtieran a los hombres en adictos al sexo y a las mujeres en estrellas del porno y putas, las mujeres atraían a los hombres siendo útiles como compañeras (esposas) y madres. Las mujeres necesitan aprender a sacrificarse. Por eso los hombres las aman.**

YOUR GIRL FRIDAY

**Ama la perfección pero no la busques en un ser humano imperfecto, una mujer.**

**"Y dijo Dios: No es bueno que el hombre esté solo; le haré una ayuda idónea". Génesis 2:18**

**DESCARGO DE RESPONSABILIDAD- Esta es una plantilla que ha resistido la prueba del tiempo. Si has encontrado una respuesta mejor, más poder para ti.**

Ojalá hubiera entendido lo siguiente hace 55 años, cuando tenía 20.

Hombres, casaos con una compañera, no con un alma gemela. He estado casado con una durante 24 años. A mí me funciona. Si puedes encontrar un "alma gemela", me quito el sombrero.

A los que dicen que las parejas de hecho son aburridas, les digo "Aleluya". No dependo de mi matrimonio para tener emociones. Sin embargo, mi esposa no es lo que las feministas llaman "un felpudo". Tiene un máster y una carrera. Es inteligente, honesta y tiene buen sentido del humor.

"Contradices todo lo que digo", le digo.

"No todo el tiempo", responde.

Llevo 24 años llevándole el desayuno a la cama, un gesto de mi amor y aprecio.

Este es mi consejo en diez puntos.

El hombre se rige por sus pensamientos. Imagina un filete y saliva. Imagina a una hermosa mujer semidesnuda esposada y se excita. Quien controla sus pensamientos lo controla a él. Obviamente, lo mejor es que controle sus propios pensamientos.

La sociedad sufre una hipnosis de masas. Hemos sido inducidos por Hollywood a una religión falsa de romance y sexo que ha suplantado a la religión genuina. Las suposiciones judías cabalistas de Hollywood se han convertido en nuestras suposiciones. Ellos incluyen:

1. El "amor" romántico es el sentido y el propósito de la vida.

2. La vida masculina es imposible sin mujeres que sean dechados de virtud y belleza.

3. Como el sexo con estos ángeles es la experiencia más elevada que la vida puede ofrecer, nos hacen un favor acostándose con nosotros. (Seres etéreos, no tienen necesidades sexuales.) El sonsonete "eres tan maravillosa; necesito tu amor y no puedo vivir sin ti" se repite hasta la saciedad en la música popular. No hay correlación entre el aspecto de una mujer y su carácter.

4. El amor romántico es una religión falsa, una idolatría. El "amor" es un sucedáneo de nuestra relación con Dios. Amamos la perfección. Las personas no son perfectas. El alma gemela que buscamos es realmente Dios.

5. Para los hombres heterosexuales, el "amor" suele implicar a una mujer. Pero, ¿son las mujeres adorables? La mayoría de los hombres confunden la atracción sexual con el amor. Después de la supervivencia, el sexo es nuestro instinto natural más poderoso. Pero sólo es eso. Programación. No debemos permitir que la naturaleza nos controle más que Hollywood.

6. ¿Qué más puede hacer? Antiguamente, los hombres buscaban mujeres que supieran cocinar, limpiar, coser, ordeñar vacas y cuidar niños. A veces sabían tocar el piano. Las mujeres eran facilitadoras. Hacían que las cosas sucedieran. Ahora, muchas jóvenes creen que sólo sirven para una cosa, y eso envejece rápido.

7. Los hombres no deben "amar" a las mujeres en el sentido de adorarlas. Eso conduce invariablemente a problemas. Adoramos lo que queremos y queremos sexo. Pero eso les da demasiado poder. Veamos a las mujeres, sin el atractivo sexual. Desmitifiquémoslas. Son humanas y la mayoría quiere un marido que se haga cargo.

Las mujeres son diferentes de los hombres. Tienden a ser más pasivas, emocionales, subjetivas y prácticas. En los paseos, mi mujer me advierte de que no pise caca de perro. Yo tengo la cabeza en las nubes. Ella tiene los pies en el suelo.

A las mujeres les interesa sobre todo la seguridad y quizá sean menos escrupulosas que los hombres. Tienden a ser inseguras y a albergar sentimientos de inutilidad a menos que un hombre les dé un propósito. Estas son buenas cualidades para un compañero, pero no para un alma gemela.

Paradójicamente, este tipo de realismo hace a un hombre más atractivo para las mujeres que, por naturaleza, desdeñan a los hombres que pueden controlar. Ellas quieren ser controladas amorosamente.

8. El concepto de "alma gemela" es falso y extremadamente egoísta. Se basa en una época en la que no se esperaba que las mujeres pensaran. Adoptaban las ideas de su marido, así como su nombre. Muchos hombres jóvenes siguen buscando esas "almas gemelas". En realidad se buscan a sí mismos.

9. En realidad, la distancia es mejor que la intimidad. Es intimidad elevada a un nivel superior. Implica darse cuenta de que "oye, eres totalmente diferente a mí" y "eres bastante limitado en algunos aspectos" pero "yo también lo soy en otros aspectos. No tenemos por

qué ser iguales". Implica respetar las diferencias. Mi mujer era partidaria de Biden. Respeto sus limitaciones. No discutimos de política.

El "amor", tal y como se entiende comúnmente, obliga a las personas a estar demasiado unidas. Somete a hombres y mujeres a un estándar imposible. La gente no es tan adorable. Me conformo con un vínculo basado en la dependencia mutua, la confianza, la consideración y la gratitud. El matrimonio es mejor cuando desaparece la presión social de "estar enamorado".

10. El amor se basa en el sacrificio. Amo a las personas que se sacrifican por mí y me dan el beneficio de la duda. Quiero corresponder. Elimina las tonterías románticas y reconoce que la base del amor real es la dependencia mutua.

11. No reconocemos lo opresiva y lenta que es nuestra obsesión sexual. Desperdicié mi vida persiguiendo esta quimera. ¿Cómo he llegado al nº 11 sin mencionar el porno? Parece haber sustituido al romance para muchos hombres.

En conclusión, las mujeres solían sacrificarse por el marido y la familia y eran apreciadas a cambio. Desde entonces han sido reprogramadas. Sus mentes están en guerra con sus corazones. Son bombas de relojería.

Papá Noel no existe. El "amor romántico" es una tontería. El sexo es un engaño. Se supone que está ligado a la procreación, o al menos al matrimonio. No está hecho para ser una recreación y una obsesión a tiempo completo. No es necesario sentirse atraído sexualmente por la pareja para disfrutar del sexo. A la inversa, la atracción sexual no se traduce en buen sexo.

El amor sí. El sexo es una celebración del amor. El sexo para ligar es degradante, deshumanizante y una bastardización del sexo marital.

El enamoramiento romántico suele basarse en alguna ventaja percibida más que en un sentimiento genuino. Es cosa de mujeres y convierte a los hombres en mujeres. Cuando una mujer sacrifica poder por amor, es más femenina. Cuando los hombres sacrifican poder por amor, se convierten en mujeres.

Hombres, decidid lo que queréis y buscad una mujer que os ayude a conseguir vuestros objetivos. Cuando se ama a alguien sin ilusiones, una compañera de ayuda puede transformarse en un alma gemela diferente y mejor.

**Ken Adachi escribe:**

Sin embargo, no puedo estar de acuerdo con la mayoría de los diez consejos que Henry da a continuación sobre la dinámica hombre/mujer; especialmente su visión utilitarista de la relación hombre-mujer y la desestimación del papel central del amor y el romance en esa relación. El amor es la fuerza central, dominante y creativa del universo. Existimos porque Dios nos ama. Dios creó a la mujer y al hombre para que se complementaran perfectamente y produjeran los frutos de Su creación en esta realidad física. Sólo podemos ser felices y sentirnos realizados en todos nuestros empeños cuando cumplimos esos deseos con amor en el corazón.

El amor romántico ES amor. No tiene nada de falso o idolátrico. No es un barniz sólo de impulsos hormonales y biológicos. Cuando nos enamoramos, experimentamos una alegría en el corazón porque nos hemos entrelazado a nivel del alma con esa persona. No me refiero a las personas que dicen "te quiero" sin sinceridad por comodidad o por cortesía.

Hablo de un hombre y una mujer que están enamorados el uno del otro y lo sienten hasta lo más profundo de su ser. No me gusta el uso casual del término "almas gemelas" en las películas o como frase para ligar. Se lanza como confeti. Trivializa la importancia de la conexión del alma entre un hombre y una mujer enamorados. Pero no nos equivoquemos: es una conexión del alma que tiene ramificaciones que van mucho más allá del mundo físico.

# Dejando a la chica de mis sueños

**Lo que más lamento en la vida es amar a las mujeres.**

**El amor romántico es un sucedáneo de religión basado en nuestros poderosos deseos sexuales y emocionales. La mayoría de las personas, hombres o mujeres, no son tan adorables.**

**Las películas nos programan para buscar el amor romántico por encima de todo. Nos enseñan a buscar la aprobación de otra persona por encima de la nuestra.**

**Nos enseñaron que el sexo es una "experiencia mística", lo mejor que ofrece la vida. La relación sexual es un sacramento. El orgasmo es la unión con el universo.**

Estoy orgulloso de un sueño que tuve hace poco.

Volvía a ser joven y soltero. Mi hermosa novia y yo estábamos de compras. Le propuse que volviéramos a mi apartamento. Me sentía cariñoso y quería pasar el rato y abrazarnos. Simplemente ser felices juntos. El sexo no era un problema.

Acababa de ver la película "*El hombre de jengibre*". La chica de mi sueño se parecía a la actriz

Embeth Davidtz

Poco después de llegar, dice que tiene que irse.

Frustrado en el amor. Otra vez.

En el sueño, la presiono para que me dé una explicación. No tiene ninguna.

Ella no quiere estar conmigo. Le concedo su deseo.

Le digo que no me interesan los juegos. Hemos terminado.

El final. No vuelvas.

Me despierto complacido por mi bravuconada subconsciente.

Verás, cuando era joven, soporté todo tipo de miserias a causa de mis enamoramientos, superando pacientemente cada obstáculo. Yo era el niño del cartel de "necesitado".

En una ocasión, una mujer que se parecía a Embeth (arriba) me dijo que le parecía "repulsivo". Si alguna vez había una señal para mandar a una mujer a la mierda y largarse, era esa. Las mujeres respetan el rechazo porque confirma la opinión que tienen de sí mismas.

En lugar de eso, ignoré el comentario y perseveré pacientemente. Acabamos viviendo juntos durante casi cinco años. Podría llenar otro libro (además de *A Long Way to Go for a Date*) con lo que soporté. Obviamente, era inmadura y en gran medida responsable de mi destino.

Ahora tengo 75 años y ya no juego. Llevo 23 años felizmente casado. Ojalá hubiera despertado antes de este sueño.

## TRAICIÓN

Los hombres han sido programados para creer que el sexo y el "amor" son la clave de la felicidad. Necesitamos el amor de una mujer para desarrollarnos como hombres. Necesitamos satisfacer sexualmente a una mujer para demostrar nuestra masculinidad.

Estamos programados para buscar la aprobación femenina cuando lo único que importa es nuestra propia aprobación.

Estamos programados para idealizar a mujeres imperfectas y a menudo estúpidas en lugar de ideales reales: Verdad, Justicia, Amor, Belleza y Bondad.

No es culpa de las mujeres. No quieren ser idealizadas. No respetan a los hombres que lo hacen. Pero los narcisistas a menudo sucumben.

La sociedad occidental es un culto satánico (cabalista) al sexo. Las mujeres se han convertido en mercancías sexuales.

El comunismo siempre las ha considerado utilidades sexuales. Si el feminismo estuviera realmente a favor de las mujeres, habría promovido el matrimonio y condenado la promiscuidad. La mayoría de las mujeres buscan la lealtad y el amor para toda la vida de un buen hombre, su marido.

De todos modos, he estado allí, hecho eso. He satisfecho a unas cuantas mujeres innumerables veces y también a mí. He madurado de la manera prescrita. Descubrí la mentira viviéndola.

Pero ojalá hubiera encontrado un atajo y hubiera rebajado el papel de la mujer y el sexo a su nivel real de importancia, digamos del 75% al 25%.

Ojalá no los hubiera amado. Mirando atrás, ninguno valió la pena. He desperdiciado la mitad de mi vida.

Los medios de comunicación satánicos han dado a las mujeres jóvenes un sentido delirante de derecho. Nuestros programadores mentales las presentan como semidioses.

Al igual que las prostitutas, muchas jóvenes han dejado de ser atractivas para los hombres. Los hombres encuentran atractiva la modestia, la inocencia, el estilo, la inteligencia y la feminidad.

Además, tengo la sensación de que cada vez son menos las mujeres capaces de amar a un hombre. Sus corazones han sido envenenados por la ingeniería social satanista. (Por supuesto, los hombres comparten la culpa al tratar a las mujeres como urinarios sexuales).

La mistificación de las mujeres bellas, como todo lo demás, es el resultado de eliminar a Dios de nuestras vidas. Como dijo Oscar Wilde, "las mujeres son esfinges sin secretos".

Las mujeres están destinadas a ser compañeras de ayuda, no almas gemelas.

Las mujeres son facilitadoras por naturaleza. Necesitan un hombre que les asigne una tarea y las ame por cumplirla. Quieren que un hombre les dé un propósito. No quieren ser su propósito.

Si has encontrado un "alma gemela", te saludo. Pero nuestra única alma gemela es Dios.

La familia nuclear es la base de la civilización. Por eso los banqueros centrales judíos masones (satánicos) la están destruyendo.

## CONCLUSIÓN

¿Estoy amargado? Sí. Estoy amargado por todas las formas en que mi cultura me ha mentido. En este caso, culpo al lavado de cerebro iluminista que eleva las "relaciones" sexuales a la negación de todo lo demás. Y me culpo a mí mismo por caer en esta basura.

El hombre medio gasta el 75% de su energía en ello. Es un gran motivador para muchos hombres. Y sí, me doy cuenta de que es hormonal.

Pero no podemos dejar que esta programación biológica y social nos arruine la vida. Muchos hombres se arruinan con el divorcio. Muchas mujeres son cazafortunas.

Quizá la verdadera lección sea ésta: No busques a alguien que crea en ti.

La gente respeta a quienes creen en sí mismos.

Si hubiera tenido más amor propio, tal vez habría despertado de este sueño mucho antes.

**Primer comentario de Alan:**

Su última exposición sobre este tema es totalmente acertada. Comparto sus ideas al respecto, porque son muy, muy ciertas. El punto del tiempo, esfuerzo, energía y dinero que he gastado personalmente en la búsqueda individual de la felicidad a través de las relaciones con el sexo opuesto es bien, insondable en retrospectiva. No hace falta decir Henry, otro gran artículo para articular lo que yo, no dispuesto a admitir, son experiencias que no quería contemplar. Todo hombre normal, como has dicho, al final del día necesita la aprobación de sí mismo. Y punto.

**JH escribe:**

Henry, esto es simplemente genial, gran pensamiento y escritura. Tenía que escribir y decirlo. Ojalá todos los hombres, jóvenes y mayores, pudieran leerlo 100 veces.

Hace falta tanto y más - la "programación" ha sido tan prolongada y severa - ¿quién de nosotros ha escapado a ella?

# Sexto libro

## Perspectiva

# Pensar sin control es un mal hábito Cambia tus pensamientos; cambia tu mundo

**La mente es una prisión donde el alma es torturada por los pensamientos. (Nuestros sentimientos corresponden a nuestros pensamientos. Si no gestionamos nuestros pensamientos, lo harán los satanistas).**

**Si este planeta no estuviera dirigido por satanistas, estaríamos alabando y agradeciendo a Dios, y discerniendo Su Plan, en lugar de perseguir el dinero y el sexo. Dios es Conciencia y nosotros somos mayormente inconscientes.**

**Últimamente, los satanistas han lanzado una ofensiva contra nuestra libertad. La sociedad ha sido engañada. Parte de la superación es aprender a desprenderse de nuestros pensamientos (deseos y miedos) y tomar la dirección del alma. Cuando vaciamos nuestra mente de todo pensamiento, lo que queda es el verdadero tú: el alma.**

**Descargo de responsabilidad - ¿No es hipócrita escribir esto y a la vez ofrecer un Twitter en gran medida deprimente sobre los últimos acontecimientos en el mundo? A la vez que recuperamos nuestra propia alma, tenemos que luchar por el bien, que en este caso es proporcionar información sobre los últimos acontecimientos**

Cuando digo que el pensamiento incontrolado es un mal hábito, no me refiero a la observación y el análisis, ni a la intuición o la inspiración.

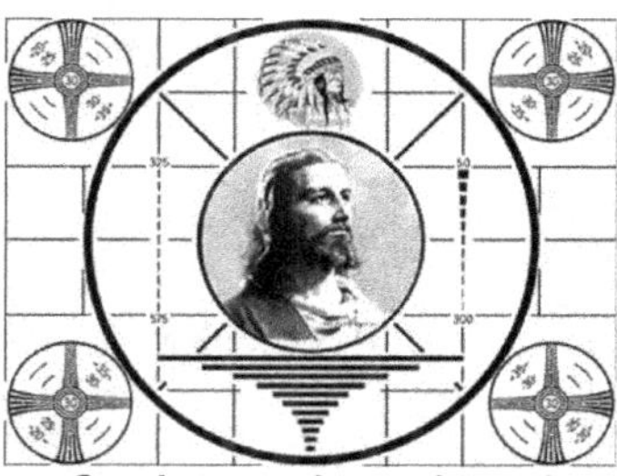

Conéctese al mundo real

Me refiero al torrente compulsivo de preocupaciones, juicios, parloteos y trivialidades que suele llenar nuestra mente. La mayor parte del estrés es inducido mentalmente.

No experimentamos el mundo. Experimentamos nuestros pensamientos.

Henry David Thoreau decía que si podemos controlar nuestros pensamientos, podemos elevar nuestra vida.

> "Debemos aprender a despertarnos y a mantenernos despiertos, no por ayudas mecánicas, sino por una infinita expectación de la aurora, que no nos abandona ni en nuestro sueño más profundo. No conozco hecho más alentador que la incuestionable capacidad del hombre para elevar su vida mediante un esfuerzo consciente. Es algo poder pintar un cuadro en particular, o esculpir una estatua, y así embellecer algunos objetos; pero es mucho más glorioso esculpir y pintar la atmósfera misma y el medio a través del cual miramos, lo que moralmente podemos hacer. Afectar a la calidad del día, esa es la más elevada de las artes".

Solía depender de los medios de comunicación para mi imagen de la realidad. Como resultado, era disfuncional.

Al igual que la enfermedad, la guerra y la pobreza, las disfunciones son sistémicas (inherentes a la sociedad.) Son rentables.

La mente desvinculada del Orden Moral (es decir, el alma) es ciertamente maleable. Por alma entiendo la intuición y el instinto.

Experimentamos nuestra programación en lugar de la realidad. Por ejemplo, Hollywood presenta el romance y el sexo como panaceas y en realidad los experimentamos como tales... hasta que la ilusión se disipa como la niebla matutina. A los cabalistas les encanta hipnotizarnos con su "magia".

Por sí mismas, nuestras mentes no tienen anclaje en la verdad. El mundo mental es una casa de espejos.

## ENRAIZARTE EN TU VERDADERO YO

La mente y la conciencia (alma) son dos fuentes de identidad que compiten entre sí. Nos identificamos totalmente con el mundo del pensamiento y negamos la existencia del alma.

Necesitamos experimentarnos como conciencia. La conciencia es testigo del pensamiento. Vacía la mente de pensamiento y lo que queda es el verdadero tú.

La religión enseña que el verdadero carácter del hombre es espiritual. Nuestra alma es nuestra línea directa con Dios. Tenemos que pasar de habitar el pensamiento a habitar el espíritu. Apagar el pensamiento como un interruptor de luz. Cuando cambiamos nuestro centro de la mente al espíritu, muchos "deseos" se desvanecen. Eran de carácter mental.

El poeta Henry More (1614-1687) escribió:

> "Cuando se disipó en mí el deseo desmedido de conocer las cosas, y no aspiré a otra cosa que a la pureza y sencillez de ánimo, brilló en mí diariamente una seguridad mayor de la que jamás hubiera podido esperar, incluso de aquellas cosas que antes tenía el mayor deseo de conocer."

Como los pingüinos varados en un témpano de hielo, la humanidad es una colonia de simios en una mota del universo. Nadie entiende realmente lo que hacemos aquí. Los simios depredadores intentan monopolizar el poder y la riqueza.

Estamos aquí para realizar el propósito del Creador. Dios quiere conocerse a si mismo a traves de nosotros, (su creacion conociendolo a El.) Pero la salvacion colectiva NO es posible sin la salvacion personal.

La mayoría de nosotros puede alcanzar la salvación personal.

Nos creemos impotentes. Pero ignoramos el poder que tenemos para crear nuestra propia realidad dedicando nuestros pensamientos a Dios interior.

# Ver la muerte desde una perspectiva positiva

**Tras la muerte prematura de un amigo, mi mujer insistió en que me hiciera un electrocardiograma (ECG).**

**Mi mujer es una hipocondríaca vicaria.**

**Se imagina que estoy enfermo.**

Su libro de autoayuda se llamaría *The Way of the Worrier*.

Escucha "Doctor Radio". La Asociación Canadiense de Diabetes está en su Twitter.

Soy psicosomático. Es una mala combinación.

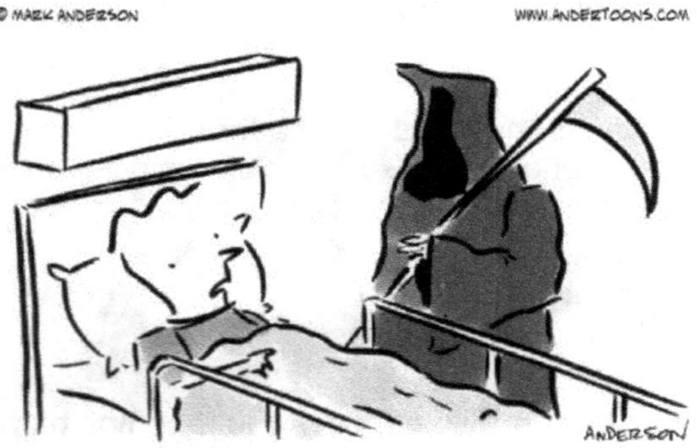


"I'd like a second opinion."

Después del electrocardiograma, sentí dolores en la zona del corazón durante una semana.

Estoy acostumbrado a una vida fácil. Siempre con una salud excelente, la menor molestia física causa alarma.

En una pastelería, sentí dolores y tuve que sentarme. Una amable joven me preguntó si me encontraba bien.

Me sentía como un viejo cascarrabias, y supongo que lo soy, aunque mi imagen de mí mismo siga siendo la de un joven precoz.

Hice testamento, (porque mi amigo estúpidamente no hizo uno.) Empecé a contemplar la muerte.

## EPHEMERALITY

Cuando somos jóvenes, la vejez y la muerte son preocupaciones lejanas. Estamos demasiado ocupados forjando nuestro camino. Nos comportamos como si fuéramos a vivir eternamente.

Cuando pasamos de los 65, nos damos cuenta de que la gente de nuestra edad se muere.

La Rueda del Tiempo se mueve como el cambio de las estaciones. Las estrellas por las que suspiraba son viejas. Veo películas clásicas y pienso: "¡Toda esta gente está muerta!".

Estamos rodeados de fantasmas: La gente que nos precedió.

Siento nostalgia. Cada generación piensa que el mundo es cada vez peor. Y es así porque lo es. (La civilización está en grave declive, por las razones que expongo en este sitio.) Poco a poco mi vida va tomando un sesgo retrospectivo. Pero no es necesariamente malo. En lugar de actuar como si fuera a vivir para siempre, estoy empezando a ver la vida como realmente es, efímera. Preciosa. Corta.

Voy a morir. Todos vamos a morir.

Siento más compasión por mis semejantes. Imagino a cada uno en sus últimos momentos antes de la muerte. Nos encontramos solos con nuestro Creador.

No pedimos nacer. Intentamos darle sentido, aprovecharlo al máximo, a pesar de los obstáculos que nos ponen en el camino los Illuminati.

## EL LADO BUENO DE LA MUERTE

Durante mi "dolor de corazón", intenté aceptar la Muerte:

"Nosotros" somos una Chispa Divina alojada en el cuerpo de un simio. Ese simio tiene una vida determinada. Cuando termina, "nosotros" desaparecemos. Pero, ¿quién puede decir que eso sea malo?

Lo medimos todo en términos de dimensión material. Pero la dimensión material nos retiene. La obsesión del mono por el dinero, el sexo, el poder y las comodidades encadena el alma.

La muerte es la liberación. La verdadera fiesta está en el reino espiritual. La única Realidad es Dios, con quien nos reunimos al morir.

## LA MESA DE LA VIDA

Si fuéramos a un restaurante popular, ni se nos ocurriría conservar nuestra mesa para siempre. Disfrutaríamos de nuestra cena y nos marcharíamos. De este modo, otra persona también podría disfrutar de la comida.

Lo mismo ocurre con la vida. Ocupamos espacio. Ocupamos puestos de trabajo, casas, comida. También ocupamos espacio psicológico. Exigimos respeto, atención, amor.

Debemos desocupar para que nuevas almas en nuevos cuerpos puedan manifestarse. Así es como se renueva la vida. Debemos identificarnos con el proceso y no con nuestra existencia personal. (Estas almas pueden estar en nuestros hijos).

Imagina que nadie envejeciera ni muriera. Nos codearíamos para siempre con Gengis Kan, Alejandro Magno, Robespierre, Hitler y Hugh Hefner. Tendríamos que escuchar a Sonny y Cher, y a Madonna para siempre. Nixon y LBJ seguirían siendo candidatos a la presidencia.

La vida necesita renovarse. Después de nuestro turno, debemos abandonar el escenario.

El envejecimiento y la muerte no discriminan. No importa lo ricos o pobres, inteligentes o estúpidos, famosos u oscuros, buenos o malos que seamos: todos envejecemos al mismo ritmo. Todos morimos. Es cierto que algunos viven más, pero al final, todos morimos.

Esto es particularmente gratificante cuando pienso en los Illuminati. No pueden salvarse a sí mismos. Estos vagos van a morir, y no importa lo maravillosos que los medios de comunicación digan que eran, los estaremos aclamando. Sus muertes serán una bendición. Ya saben en quién estoy pensando.

La muerte es la forma que tiene la naturaleza de limpiar a la humanidad y empezar de nuevo.

## MIEDO A LA MUERTE, ETC. NOS IMPIDE VIVIR DE VERDAD

La muerte nos convierte a todos en cobardes. Por ejemplo, muchos alemanes inteligentes reconocieron que Hitler llevaría a Alemania a la ruina y mataría a millones de personas, pero ni uno solo estaba dispuesto a sacrificar su propia vida para despachar al malhechor con una bala. Así que cuando la bomba fracasó en su intento, cientos de buenos hombres murieron en ganchos para carne.

Si nos diéramos cuenta de que vamos a morir de todos modos, quizá no nos aferraríamos a la vida. Podríamos mostrar más valor. El hombre que despachó a Hitler habría alcanzado la inmortalidad.

Si no tuviéramos tanto miedo a la muerte, no tendríamos tanto miedo a vivir. Si nos centráramos en salvar nuestras almas, en nuestra vida eterna, no seríamos tan cobardes.

Por último, todo el mundo tiene una misión. Estoy haciendo lo que estaba destinado a hacer: Escribir la verdad.

En última instancia, la mejor preparación para la muerte es saber que hemos cumplido el propósito que Dios tenía para nosotros.

Podemos encontrarnos con nuestro Creador con la cabeza bien alta.

# Sé un hombre hecho a sí mismo - Autocontrol

**Hay un lugar al que todos podemos ir sin pasaporte: el interior. Necesitamos mortificarnos ante el mundo y experimentar nuestra conexión con Dios.**

***Y no dirán: ¡Aquí estáis! o ¡Allí estáis! porque el Reino de Dios está dentro de vosotros.* - Lucas 17-21**

**Los satanistas nos convencieron de que Dios no existe, cuando en realidad es el principio de nuestro autodesarrollo y realización. Somos seres espirituales. Por eso nada más que Dios puede satisfacernos.**

**La gente pierde su identidad ante los movimientos de masas porque busca el sentido fuera. Descargo de responsabilidad: no intento convertir a nadie a mi forma de pensar. Mi trabajo termina con dar testimonio. Con suerte, algunos de ustedes se reconocerán.**

**Desde que escribí esto, mi forma de pensar ha cambiado un poco. Me doy cuenta de que pongo demasiado énfasis en la automortificación, en "disciplinar" al yo inferior. El ego es una fuente de motivación y energía tremendas. Ahora intento lograr un equilibrio entre el alma, la mente y el ego. Pido disculpas por la repetición, pero la repetición es la clave de la enseñanza**.

Metafísica 101: Creer en Dios es creer en tu yo más elevado

1. Todos los seres humanos tienen una chispa de lo Divino en su interior. La llamamos alma. Es nuestra verdadera identidad. También se le llama "Yo" o Conciencia. El alma "oye" los pensamientos pero NO es pensamiento. Edita y controla los pensamientos, decidiendo sobre qué pensamientos actuar y cuáles censurar.

2. El alma es nuestra conexión con el Creador; es lo que nos define como humanos y la razón por la que la vida humana es sagrada.

3. Esta alma está encarnada en un animal simiesco que tiene una serie de necesidades e instintos físicos y psicológicos. La mayor parte de nuestra actividad mental está dedicada a satisfacer estas necesidades materiales, sexuales o psicológicas. Deberíamos considerar estos pensamientos como los de un compañero de piso odioso y revoltoso. Es nuestro pequeño yo "s".

4. Los satanistas nos han convencido de que "Dios" no existe. Han suplantado a Dios y quieren que les obedezcamos a "ellos" y no a Él. Podemos ser sacrificados más fácilmente si no tenemos almas.

5. La meditación está diseñada para silenciar la mente de modo que podamos experimentarnos como conciencia pura. Esto es muy difícil, ya que nos identificamos con nuestros pensamientos.

6. Mientras que las necesidades materiales deben ser satisfechas para tener paz mental, nuestra felicidad depende de la expansión de la Conciencia y de la unión con Dios. Dios es Conciencia, una dimensión en la que la Verdad, la Bondad, el Amor, la Belleza y la Justicia son Autoevidentes. A esta dimensión se puede llegar mediante prácticas espirituales como la meditación y el consumo de drogas "expansoras de la conciencia" como el cannabis, la psilocibina o los psicodélicos.

Imagínese, si en lugar de los pinchazos mortales, estos medicamentos fueran obligatorios, qué mundo tan diferente sería este.

7. Dios se manifiesta a través de nosotros. Somos agentes de Dios. Su Designio no se llevará a cabo a menos que lo hagamos nosotros.

## NUESTRA VERDADERA IDENTIDAD ES EL ALMA

Si nos identificamos con el "Yo" como ALMA en lugar del yo reptiliano (necesitado, egoísta, codicioso) de la "s" minúscula, las siguientes afirmaciones adquieren un significado totalmente nuevo. Que se conviertan en tu mantra. Medita sobre ellas.

¿Cuántos puede recordar?

Autoestima - Honrar al Dios interior

Autoimportante - Dios es el centro de tu vida.

Confianza en uno mismo, porque llevamos a Dios dentro.

Autosuficiente, porque Dios provee.

Autoexpresión- este sitio, que humildemente dedico a Dios. Se refiere a cualquier cosa que exprese lo mejor de nosotros mismos. Arte. La música. Amor. Abnegación.

Autosuficientes - porque pertenecemos a Dios y no necesitamos nada más.

Autocontrol - el amor a Dios nos impide caer en la tentación, por ejemplo, la pornografía, el comercio de día, el miedo a la pornografía.

Autodisciplinado - El Yo mantiene a raya al yo carnal inferior. Cuando se trata de trabajo interior, la mayoría de nosotros estamos desempleados. También Autodesarrollo.

Búsqueda de sí mismo - Dios busca encontrarse en nosotros como nosotros nos encontramos en Él.

Autoconciencia - Vernos como Dios nos ve.

Autónomo - Como decía Thoreau, la soledad es la mejor compañía. Si odias estar solo, probablemente los demás también te encuentren aburrido.

Abnegación - Sacrificar nuestras vidas a Su servicio.

Autosuficiente - No necesita nada más

Respeto de uno mismo - Asegurarnos de que todo lo que pensamos y hacemos es digno de nuestra más alta contemplación. Dios lo ve todo.

Centrado en uno mismo - Dios es nuestro centro de atención. ¿Qué quiere Dios que haga? ¿Qué haría Jesús?

Disfrutar - Experimentar el milagro de la vida.

Complacerse a uno mismo - Seguir los dictados internos. Hemos complacido a Dios.

Obedecer al Dios interior y controlar el yo inferior es la base de todas las religiones verdaderas. El satanismo consiste en "liberar" el yo inferior primitivo (lujuria, codicia) y negar la existencia del Yo Superior.

## CONCLUSIÓN - PARA EL DIOS ADVERSO

Para los adversos a Dios, daré un par de razones más para celebrar al Creador.

1. Los satanistas odian esto. Es como un exorcista agitando un crucifijo delante de un demonio poseído. Un avivamiento religioso masivo podría destruirlos. Dando testimonio del Señor. Celebrando al Creador. Sacrificarse por Él. Odian esto. Es algo que están tratando de erradicar.

2. Sospecho que identificarnos con la Conciencia en esta vida nos da más posibilidades de tener algún tipo de vida después de la muerte, y no de la forma transhumanista friki, sino de la forma que Dios pretende. Podemos prepararnos para encontrarnos con nuestro Hacedor purificándonos y mortificándonos a este mundo. Morir a este mundo antes de la muerte es nacer de nuevo.

El aumento de la Conciencia es el único camino para salir del atolladero en el que nos encontramos.

Cada uno de nosotros tiene una chispa de Divinidad.

Tenemos que avivarlo hasta convertirlo en un fuego.

# Por qué los ricos se sienten tan pobres

**Durante un viaje a Hong Kong, el dúo de multimillonarios decidió almorzar en McDonald's. Para diversión de Gates, cuando Buffett se ofreció a pagar, sacó un puñado de cupones. Para diversión de Gates, cuando Buffett se ofreció a pagar, sacó un puñado de cupones.**

*https://finance.yahoo.com/news/bill-gates-recalls-time-fellow-174029938.html*

**Warren Buffett es multimillonario. Le da sentido ganar o ahorrar un céntimo. La mayoría de los superricos sufren de pobreza espiritual.**

**Seamos pobres o ricos, el dinero nos tiene prisioneros. Los ricos se sienten pobres a causa de la AVERGÜENZA. Por mucho tengan, su identidad ("sentirse bien, importante, seguro") se la forjó una sociedad dedicada a ganar y gastar más dinero.**

"Suficiente es un poco más de lo que uno tiene". - Samuel Butler Pocas personas adoptan un enfoque racional del dinero.

Esto implicaría calcular cuánto dinero necesitan en relación con cuánto dinero tienen y cuánto dinero ganan.

Más bien, la gente tiende a centrarse en su último 2%. Aumentó o disminuyó su "patrimonio neto" en un día determinado?

Dependiendo de su nivel impositivo, puede tratarse de sus últimos 100, 1.000, 10.000, 10 millones o 10.000 millones de dólares. Ignoran su gran saldo bancario o su cartera de acciones. Siempre se sienten pobres.

Se supone que el dinero nos libera de las preocupaciones materiales. Paradójicamente, hace lo contrario. Nos convertimos en sus prisioneros.

Estamos satánicamente poseídos. Esto significa que nos identificamos con el dinero en lugar de con nuestra alma Divina. Somos dinero en lugar del representante personal de Dios en la tierra. Cuanto más dinero tenemos, más grandes y mejores nos sentimos. Estos valores son inculcados por nuestros medios de comunicación controlados por satanistas.

Me dirijo al 50% de mis lectores que, según mi encuesta Gab, tienen suficiente o más dinero del que necesitan. No culpo al otro 50% que no tiene suficiente o está arruinado por sentirse oprimido.

## NO HAY ESTADÍSTICAS SOBRE POBREZA INTERNA

Parece que los ricos sufren un empobrecimiento espiritual.

Cuanto más se identifican con su dinero, más pequeños son. Cuanto más dinero tienen, más pequeños son.

En el caso de los banqueros Illuminati, esta pobreza interior es tóxica. Son un cáncer que amenaza con destruir a la humanidad.

Quieren "absorber" (su palabra) toda la riqueza del mundo sin dejar nada para mantener a la humanidad. ¡Lo quieren todo!

Estamos adoctrinados para buscar dinero. Dentro de unos límites, el dinero es un gran motivador y una gran medida.

Conozco a alguien que no tiene que trabajar. Trabaja porque no tiene otra cosa que hacer, y eso le hace sentirse productivo y recompensado.

Otro amigo es rico independiente gracias a las inversiones. Se jubiló hace un par de años, pero vuelve a su antigua profesión por puro aburrimiento.

## PERSONAL

Estoy tan satánicamente poseído como cualquiera. Llevo toda la vida luchando contra la codicia. A los 75 años, estoy empezando a dominar este demonio.

Hace poco hice el cálculo anterior y me di cuenta de que tengo más dinero del que nunca gastaré.

Mis hábitos de gasto se formaron durante ocho años como estudiante de posgrado que vivía con unos 10.000 dólares al año. Realmente no necesito ni me importan las cosas materiales.

Paradójicamente, esta falta de preocupación por el dinero NO me impidió desarrollar una adicción al juego. Cuando no tenía mucho dinero, no me preocupaba por él. Cuando vendí Scruples a Hasbro en 1986, me convertí en gestor de dinero y pensé que mis conocimientos sobre juegos se extenderían a la bolsa. ERROR.

Escrúpulos había sido una labor de amor. Lo hice porque era un taller sobre la moralidad cotidiana.

Después de mi ganancia inesperada, me volví satánicamente poseído (es decir, AVERGÜENZA.) Si alguien me preguntaba cómo estaba, yo decía: "Le preguntaré a mi corredor".

Tenemos que estar en guardia constantemente porque la voz en nuestra cabeza a menudo es el diablo.

Hace poco me di cuenta de que, por mucho dinero que gane, no cambiaré mi estilo de vida frugal. Así que apostar es una pérdida de tiempo y energía. He dejado de apostar.

El dinero es el mínimo común denominador. La gente de hoy está consumida por el dinero. No tienen encanto.

YouTube está repleto de historias de "cómo me hice rico".

Mientras el mundo se hunde en la tiranía comunista o se enfrenta a una catástrofe nuclear, ellos actúan como si el dinero fuera a salvarles.

Para la gente que tiene suficiente, la libertad consiste en prescindir del dinero. En no preocuparse por él.

¿Puedes hacerlo?

# Los comestibles de marihuana podrían salvar el mundo

**El dinero es una adicción. Si pudiera apedrear a Jacob Rothschild, se daría cuenta de que el verdadero oro no se encuentra en la tierra. El Reino de los Cielos está dentro. La clave es recibir órdenes del alma, no de la mente corrompida.**

**Después de tres años de "pandemia", el panorama de la salud mental en Canadá era de agotamiento y trauma creciente.**

**Un estudio realizado en 2023 por el Instituto Angus Reid revela que la población está muy fatigada, frustrada y ansiosa, y que uno de cada tres canadienses (36%) afirma tener problemas de salud mental.**

Cuando se les pide que resuman sus sentimientos, la mitad (48%) dice que se ha sentido "fatigado", mientras que dos de cada cinco (40%) dicen que se han sentido frustrados, y otros dos de cada cinco (37%) dicen que se han sentido ansiosos. Uno de cada diez (12%) eligió sentirse feliz, la mitad de los que eligieron sentirse deprimido (23%)...

Sufrimos enfermedades mentales

El 7% de los canadienses afirma que "apenas se las arregla" en lo que respecta a su salud mental para hacer frente a la pandemia, más del doble de la cifra medida en cualquier momento desde octubre de 2020.

Tres de cada diez (31%) dicen que ellos o alguien de su familia tuvo una cita con un terapeuta, psicólogo o psiquiatra en el último año. Otros tres de cada diez (30%) afirman haber recibido una receta para tratar un problema de salud mental en los últimos 12 meses.

Estamos prisioneros de un loco: nuestra propia mente.

Las mentes han sido programadas por la sociedad. Como resultado, muchas personas padecen alguna de las enfermedades mentales ilustradas anteriormente.

No importa lo que esté haciendo, tengo la sensación de que hay algo más importante que debería estar haciendo. Naturalmente, esto provoca un estado de ansiedad/estrés la mayor parte del tiempo.

La forma más común de ansiedad está causada por la inseguridad material o política. Los medios de comunicación se obsesionan con la guerra o la crisis económica. Luego está la ansiedad social debida a la falta de amor o reconocimiento. Pero mi ansiedad de "siempre con prisas" -incapaz de relajarme- es mi principal problema.

Los comestibles de marihuana me están curando. Se hicieron legales en Canadá el 17 de octubre de 2019 y salieron a la venta a mediados de diciembre. (Ya eran legales en muchos estados de EE. UU.) Llevo casi 50 años usándolos para encender los faros y ver las líneas blancas en la autopista de la vida. La mayor parte del tiempo estoy dormido.

O vivir en una oscura mina. Esto es un ascensor a la superficie donde puedo ver el sol y el cielo.

Hay bastante luz, así que no me importa volver al pozo, pero recuerdo claramente lo que vi.

La vida es un milagro. Demasiado terriblemente preciosa para ponerla en peligro. Tenemos tanto que agradecer y, sin embargo, nos sentimos frustrados.

El cannabis me está liberando de mi prisión mental; soy optimista y creo que está liberando a otros. Tuve una experiencia fuera del yo de dos semanas de duración cuando tenía 20 años. Sin drogas. Sólo desprenderme del ego.

Llevo buscando esa experiencia desde entonces. Puede que me haya cambiado el cableado, pero espero que el cannabis tenga el mismo efecto en los demás.

El alma se expande y abruma a la mente. La percepción pasa de lo mental a lo espiritual, de Maya al mundo Real.

## DETACHMENT

Me veo objetivamente, desde fuera.

Mi loco es egoísta y egocéntrico. Tiene un problema de autoestima: demasiada e inmerecida. Arrogancia.

Es realmente perezoso... una mula. "Yo" (el Yo superior) debo negociar con esta mula para que actúe.

No tenemos que ser buenos. Sólo tenemos que obligarnos a interpretar el papel.

Podría seguir, pero ya te haces una idea.

## ME VOLÓ LA CABEZA

Una de mis últimas intuiciones es que la humanidad no es más que una manifestación de una Conciencia universal, a la que llamamos Dios.

Esta Conciencia está en todas las cosas. Está definitivamente en nuestras almas.

Dios lucha por manifestarse en el mundo. Pero primero debe manifestarse en nosotros.

La mayoría de las personas tienen cualidades buenas y malas. Sin duda, el cannabis potencia las buenas alejándonos de las malas.

Hay pruebas de que el cannabis y los psicodélicos en general tienen un efecto terapéutico en el tratamiento de la depresión, el alcoholismo y muchas formas de adicción y enfermedad mental.

Por ejemplo, el dinero es una adicción. Si consiguiera lapidar a Jacob Rothschild, se daría cuenta de que el verdadero oro no se encuentra el suelo. El Reino de los Cielos está dentro, pero hay que experimentarlo.

Recibe órdenes de tu interior, no de la mente/mundo corrupto. No tengas otro Maestro más que a ti mismo.

En los años 60, esperábamos que el cannabis y los psicodélicos encendieran un renacimiento espiritual masivo. Son una herramienta inestimable de enseñanza y curación. Sus efectos no son transitorios. Cambian la vida.

¿Imagina que la humanidad dispusiera de medicamentos que expanden la conciencia en lugar de "vacunas" venenosas?

Debemos elegir entre una casa de espejos cabalista y la realidad. Elige la Realidad y renuncia al espectáculo de mierda que se representa en el teatro llamado nuestra mente.

Curar nuestra enfermedad mental colectiva antes de que sea demasiado tarde.

**Primer comentario de LV:**

Tu último artículo sobre la salud mental y el cannabis fue realmente un testimonio maravilloso, positivo y refrescante de tu capacidad para crecer, analizar, reflexionar y apreciar uno de los mayores regalos de Dios a la humanidad: el cannabis. Mi experiencia es paralela a la tuya.

Por supuesto, siempre leo los comentarios a sus artículos, y se deduce (sin sorpresa real) que los que tienen una perspectiva religioso-cristiana ven su experiencia como un "paso en falso" en un camino que conduce al Infierno de la ilusión.

Como tú y yo sabemos (y muchos otros saben también por nuestra experiencia directa) nada podría estar más lejos de la Verdad.

El cannabis nos permite soltar las cadenas de nuestros anclajes normales y conscientes y nos proporciona nuevas percepciones, nuevos niveles de conciencia y percepción, y una mayor capacidad de autoconocimiento y autoanálisis de nuestras motivaciones, nuestra historia y nuestra trayectoria vital.

Parece que la mayoría de estos individuos cautelosos/religiosos albergan una rigidez de pensamiento basada en prejuicios que giran en torno a la percepción errónea de la palabra: "droga". Parecen asociar esa palabra a un estado de percepción previsiblemente negativo y reducido; más bien a un "estupor". De hecho, esas dos palabras, "estupor de droga" se encuentran a menudo combinadas en la literatura, por lo que no dudaría que muchos que no tienen la experiencia de primera mano de la increíble cornucopia de beneficios con los que esta planta nos bendice a la humanidad denigren previsiblemente sus valores físicos, mentales y espirituales que liberan en lugar de amortiguar nuestras percepciones y capacidades perceptivas.

La verdadera prueba de sus beneficios es que las percepciones que he derivado de su uso, incluso ocasional, me han beneficiado de forma duradera; no son meras quimeras que se desvanecen al volver a normal, la rigidez formal de mis esfuerzos perceptivos diarios. Por el contrario, esas percepciones permanecen: brillantes joyas de percepción que iluminan mi camino hacia la superación y el autoconocimiento, además de reavivar el deseo de servir a mis semejantes de la mejor manera posible en mi estado actual en esta vida.

Te felicito y alabo, y también admiro tu valentía al crear este post. Creo que has ayudado a muchos simplemente afirmando lo que muchos con esa experiencia directa ya saben; mientras seguimos beneficiándonos de las maravillosas capacidades de esta planta, que nos ha dado el Dios de nuestra Creación, para inspirar nuestra creatividad, iluminar nuestro viaje y elevar nuestras percepciones espirituales.

# Libro Siete

## Humor y personal

# Confesiones de un aviador nervioso

**"No me disculparé por ser un aviador nervioso. No es natural que setenta y cinco toneladas se lancen por el aire a 500 mph. Básicamente vas montado en un ala unida a dos motores a reacción SIETE MILLAS POR ENCIMA DE LA TIERRA".**

**Esta "confesión de un aviador nervioso" fue escrita en diciembre de 2020 cuando huía del próximo bloqueo de COVID en Canadá. El artículo ilustra cómo todos somos prisioneros de nuestro ego y su programación lagarto (miedo a morir, la codicia, la lujuria, el poder, la fama, etc.) Esta voz en nuestra cabeza nos deprime (baja la Conciencia.)**

**De vuelta a Canadá, me despegué de la voz nerviosa. Le llamé "Sr. Gallina". Le ridiculizaba cuando hablaba. Controla tus pensamientos. Aplico esto a todas las adicciones programadas de mi ego. La alegría naturalmente del alma cuando nos dedicamos al Propósito de Dios para nosotros, como quiera que lo definamos. La vida es sagrada.**

Cuando se trata de volar soy tan neurótico como el que más.

No "yo" exactamente, sino "él". La voz en mi cabeza.

Teme que las turbulencias hagan que el avión caiga en picado.

"Las turbulencias son sólo viento", razona, "los aviones nunca se estrellan por su causa. Imagina las olas rompiendo contra un barco".

Pero sigue agarrado a los reposabrazos.

Nunca podría ser piloto: "Les habla su capitán. Aterrizaremos en el desierto y esperaremos a que amainen estas desagradables turbulencias".

Intenta llegar a un acuerdo con Dios. Promete abandonar algunos malos hábitos si consigue aterrizar sano y salvo.

Y lanza un suspiro de alivio cuando aterriza sano y salvo, promesas olvidadas.

## ASIENTO TRASERO CONDUCTOR

Le encantan los aviones y agradece el milagro de viajar en avión. Pero es un piloto de asiento trasero.

Al subir al avión, inspecciona los motores. ¿Son lo suficientemente grandes?

A continuación, evalúa la antigüedad del avión y se pregunta si la compañía aérea lo mantiene adecuadamente.

¿Se te ha escapado éste?

¿Cuánto dibujo tienen los neumáticos?

Espero que hayan llenado el depósito de combustible.

El avión está lleno. Pesado. Pero está diseñado para manejarlo.

Además de estar atento a cada sonido que hacen los motores, también cuestiona al piloto.

¿Debería subir con tanta pendiente? ¿Pueden soportarlo los motores?

(Acercándose a nuestro destino) ¿Es este el camino al aeropuerto?

Una vez, al bajar de un avión, dijo a los pilotos que era increíble que dos pequeños motores pudieran propulsar algo tan grande.

Por sus expresiones, supo que los había desconcertado.

## LA VOZ EN MI CABEZA

La voz en mi cabeza. Si pudiera apagarla, tendría un poco de paz. Estoy preso en un caleidoscopio de pensamientos: Una sala de espejos que refleja nuestro mundo de cómic.

¿Quién es este compañero de habitación cascarrabias y revoltoso, mis pensamientos? Son los pensamientos del animal que alberga nuestra alma.

Mantener a raya a este animal es una prueba constante.

En fin, como en un mal matrimonio, tengo que vivir con él, controlar sus ansiedades y apreciar sus buenas cualidades. (Tiene algunas.)

El valor no es no tener miedo. Es dominar el miedo.

**Primer comentario de G:**

Creo que acabas de describir lo que probablemente sea una experiencia universal para un buen porcentaje de los voladores del mundo. Volar: lo soportamos, lo aguantamos, porque al final puede ser algo que mejore nuestras vidas o cumpla alguna búsqueda. Lo has articulado a la perfección, así que espero que sepas que no estás solo. En mi caso, lo he reducido a que, como muchas otras cosas, como nadar en el océano o hacer senderismo en la naturaleza, hay riesgos, y muchos de nosotros los corremos porque suele haber una recompensa. Sé que seguirás volando, Henry, en más de un sentido. Algo me dice que estás protegido y que no te hundirás en llamas.

# Las mejores ocurrencias de Henry Makow

**Una buena frase es oro puro. Te abro mi cámara acorazada.**

**"La conspiración es como el tiempo. Todo el mundo habla de ello pero nadie hace nada al respecto".**

Todo lo que se necesita para que triunfe el mal es que a los hombres buenos se les den buenos trabajos.

Mi lápida. Algunas líneas sólo pretenden escandalizar y hacer reír.

Prejuicio es otra palabra para experiencia.

Lo que importa no es la derecha o la izquierda, sino el bien o el mal.

Adiestramiento homeopático de perros. (Susurre las órdenes en voz baja.) Cuando yo iba a la universidad, nos decían que cuestionáramos la autoridad. Hoy en día, a los estudiantes se les dice que cuestionen su género.

El feminismo aprovechó el poder político de las mujeres que no podían conseguir una cita el sábado por la noche (y se aseguró de que sus filas aumentaran).

Somos víctimas de nuestros vicios.

Nuestra verdadera riqueza se mide por las cosas que amamos.

No tengo que evitar la tentación; la tentación me evita a mí.

Como judío étnico, me asimilé a la cultura cristiana dominante.

Me convertí en apache en la América del siglo XIX.

La religión de un hombre es su día. (No es lo que crees; es lo que haces.) Debes ser bueno para sentirte bien. Altura. Anchura. Profundidad. La moral es la cuarta dimensión.

La ley de las personalidades. Las grandes personalidades deben casarse con las pequeñas.

Busqué en vano a alguien que creyera en mí cuando yo no creía en mí misma. Nadie cree en las personas que no creen en sí mismas. Buscamos en los demás el amor que no nos daremos a nosotros mismos. No seremos dignos de nuestro propio amor.

Tenía tantas ganas de salvar el mundo que descuidé salvarme a mí mismo.

La liberación sexual es NO QUERER sexo, ¡y vaya si es bueno!

En referencia a mi temprana fama como *Ask Henry* (1961-1964) - Advice to Parents from a Kid, en 40 periódicos: (YouTube de mí en What's My Line en 1962. Empieza en 11 min)

*https://www.youtube.com/watch?v=Sw9VT5TOcY8&t=10s*

Tengo un gran futuro a mis espaldas.

Como Egipto y Grecia, llegué a la cima demasiado pronto.

Con el tiempo, la belleza física se desvanece, pero el amor crece.

Somos granos de arena en el desierto del tiempo.

Soy el "Padre de la Sociodinámica". (Quería ser el "Padre de la Higiene", pero mi hijo no quiso cambiarse el nombre).

**Tres leyes de la sociodinámica.**

1. Nos atraen las personas que tienen algo que nosotros queremos.

2. Nos repugnan las personas que quieren algo de nosotros.

3. Nos son indiferentes las personas que no entran en las categorías anteriores. Cuarta ley especial: nos atraen las personas que pueden tener algo que nosotros queramos en el futuro.

Asistir a la universidad "a distancia" es como pedir comida para llevar a Hooters.

Comenzamos la vida con expectativas exaltadas, seguidas de una desilusión gradual hasta que, finalmente, nos enfrentamos a la muerte con perfecta ecuanimidad.

No quiero estar en tu lista de "cosas por hacer".

Después de hacer naufragar mi vida, soy arrojado a las costas de la vejez.

**La forma de impresionar a las mujeres - No lo intentes.**

Nada desmitifica a las mujeres como el matrimonio.

La gente no envejece tanto como madura y se estropea, como los plátanos.

Yo: No puedes enseñar trucos nuevos a un perro viejo.

Esposa: Sí puedes, pero no eres un perro.

Enseñar era dar respuestas a gente que no tenía preguntas. (Eran las respuestas equivocadas -yo era socialista, pero- la observación sigue siendo válida). Un profesor-evaluador preguntó: "¿Qué es lo mejor de la clase del Dr. Makow?".

Una chica contestó: "Ni muy temprano por la mañana, ni muy tarde por la tarde".

Mi reacción por defecto ante la vida: Negación e incredulidad.

Todo mal proviene del narcisismo (ego inflamado.)

No juzgo una religión por su dogma. Más bien me fijo en la conducta y el cumplimiento de sus fieles.

## - Como "Lao Tzu"

La mente es una prisión donde los pensamientos torturan el alma.

La búsqueda de la felicidad es la principal causa de la infelicidad.

Tenemos una dura elección: Conversión (al servicio de Dios) o ingrata diversión sin fin.

Somos esclavos del mundo a la inversa de nuestra devoción a Dios.

Vacía tu mente de todo pensamiento. Lo que queda es tu verdadero yo. ¿Por qué asumimos que debemos pensar todo el tiempo?

# En el Día del Padre, estoy de luto

**Después de que mi padre no dejara que mi madre me diera de comer, la suerte estaba echada.**

**Nunca pudimos ser amigos porque mi llanto me había convertido en su adversario de por vida.**

**Sólo después de su muerte me di cuenta de que aún le quería, pero ya era demasiado tarde.**

**(DISCLAIMER - Esto no es tanto un elogio a mi padre como un epitafio a nuestra relación. Es más sobre mí que sobre él).**

No soy el mejor padre del mundo y tampoco esperaba que mi padre fuera perfecto.

Judío polaco, superó muchos obstáculos. Sus padres, el Dr. David Makow, 1923-2021, fueron asesinados por los nazis cuando él tenía 19 años. Sobrevivió a la guerra haciéndose pasar por gentil, hizo cuatro años de bachillerato en uno, ingresó en el MIT de Europa, se hizo físico y construyó una nueva vida en Canadá.

## ¿PADRE O AMIGO?

Siempre fue un padre. Nunca pudimos ser amigos.

"El trabajo de los padres es asegurarse de que las barreras (sociales) se mantienen", escribe W. Cleon Skousen en *So You Want to Raise a Boy?* (1958, p.232) Al igual que Skousen, mi padre veía su papel como el de mantenerme "en el buen camino". Como su éxito se basaba en la educación superior, "en el buen camino" significaba permanecer en la escuela.

No me dejaba bajar de la cinta. A pesar de que había escrito una columna en un periódico a los 11 años, en la que me ayudó, nunca creyó en mí ni en mis buenas intenciones. Siempre me trató como a un bala perdida.

No me dejaba a medias. Aún recuerdo el alboroto que armé a los 8 años cuando no me dejó ver *I Love Luc* y porque ya había pasado la hora de acostarme.

Después del bachillerato, quería trabajar en una mina. Luego, planeé ir a una universidad fuera de la ciudad conocida por sus profesores de izquierda radical. (Yo era de izquierdas por aquel entonces).

Mi padre ejerció una gran presión, incluido el incentivo del viejo coche familiar, para que me matriculara de inmediato en la universidad local. Caí en una depresión. Sólo terminé tres de los cinco cursos con malas notas.

No me dejó seguir mi corazón y aprender de la experiencia. Con el espíritu destrozado, acabé quedándome en la universidad, como una especie de hospicio, y finalmente conseguí un doctorado.

En otra ocasión, quise utilizar la casa de campo familiar como retiro espiritual, como *el estanque Walden* de Thoreau. De nuevo, no hubo trato. Termina tu tesis.

Irónicamente, la única vez que mi padre me dejó salirme con la mía acabó mal. Me dejó suscribirme a *PLAYBOY*. Como resultado me convertí en un adicto al sexo y no podía relacionarme con las mujeres como seres humanos. No le culpo. La revolución sexual estaba de moda en los años sesenta.

## ALIMENTAR EL FRENESÍ

Nuestra relación estaba condenada cuando mi padre no dejaba que mi madre me alimentara de bebé.

Un libro del médico recomendaba "entrenar" a los bebés para que comieran a la hora de comer. Yo lloraba a moco tendido y luego estaba demasiado agotada para comer. No era el libro del Dr. Spock. Creo que era del Dr. Mengele.

Tras el estrés incesante de la guerra y los estudios, papá no estaba preparado para asumir las cargas de la familia. No tuvo ocasión de descomprimirse y sembrar su avena salvaje. Había perdido a todo el mundo y no quería perder a mi madre.

Intentó entrenarme desde que salí del vientre materno.

El casero se quejó. Mi llanto hizo que mi padre me considerara un adversario o "bala perdida".

Como resultado, tuve una "sensación de no ser querido" hasta los 50 años, sin saber por qué.

Mi padre pagó caro su error.

Hasta los once años, fui un santo terror. Creaba problemas conscientemente para "conseguir amor". Tenía una pandilla llamada la "Pandilla Burbuja" porque rimaba con problemas. Tuve problemas con la policía por travesuras dos veces.

Una vez, papá me persiguió por el barrio agitando un palo. Me arrastró a casa para darme una paliza. Pero en vez de eso, se echó a llorar.

## FRESCO COMIENZO

Tras regresar de un año en Suiza (donde mi padre terminó su doctorado) sentí que la gente se había olvidado de mis mentiras (como que hablaba polaco) y que podía empezar de nuevo.

Para que me quisieran, cambié de estrategia y me convertí en un superdotado. Empecé una columna de consejos para padres, *Ask Henry (Pregúntale a Henry)* para 40 periódicos y aparecí en *The Jack Paar Show* y en la revista *Life*.

Sé que "sentirse poco querido" es poca cosa en esta época de pederastia y tráfico de niños.

No, no me dijeron que experimentara con la homosexualidad ni me educaron como a una niña. Eran los años cincuenta. Sin embargo, esta cuestión aparentemente trivial marcó mi vida.

¿Qué clase de padre deja que su bebé llore de hambre porque no es la hora de comer?

**No me lo estoy imaginando. En su autobiografía autopublicada, escribió que dejó que mi madre alimentara a mi hermano pequeño. Como resultado, la personalidad de mi hermano era "más equilibrada" y era "más fácil de querer". (Sus palabras.)**

Y ni una palabra de disculpa o arrepentimiento. Asumió que yo no estaba marcada. Es increíble cómo una experiencia infantil puede marcar a una persona de por vida.

Mi mujer me dice: "Supéralo. ¿Tu padre se quejaba: 'Estuve en un campo de trabajo de esclavos nazis y no me dieron de comer lo suficiente'?".

No me quejo ni busco compasión, sólo digo mi verdad. Dejé de sentirme poco querido hace 20 años. No guardo rencor. Todos cometemos errores. Yo cometo muchos.

En general, fue un gran padre e hizo todo lo que pudo. Yo le admiraba, pero tiendo a querer a la gente que cree en mí (me da el beneficio de la duda, me cumple a medias) en lugar de mantenerme "en el buen camino", que empezó prácticamente al nacer.

## OJALÁ HUBIERA SIDO UN AMIGO

Durante sus últimos años en una residencia de ancianos, le llamaba cada semana por FaceTime y le decía lo mucho que le quería aunque no estaba segura de hacerlo. Él no decía nada y yo le buscaba la cara para ver si lo entendía.

Dos semanas antes de morir, su alma pareció llegar hasta mí.

*Estaba asustado.*

Por primera vez sentí una verdadera conexión espiritual.

Volví a llamar al día siguiente con la esperanza de renovar esta conexión, pero la expresión de su cara se había vuelto de enfado. Le habían puesto la vacuna un mes antes. Creo que sabía que le estaba matando.

No estaba preparado para morir. Estaba muy a gusto en la residencia. Su cuidadora privada, una filipina, se desvivía por él.

Si hubiera sido lo bastante madura para superar nuestra enemistad de toda la vida cuando éramos más jóvenes. Podría haber tenido esa conexión espiritual. Ahora es demasiado tarde, para siempre.

No dejes que las diferencias te impidan amar a las personas más cercanas a ti. La oportunidad se acaba.

De niño, dábamos largos paseos. Yo le cogía el pulgar y le hacía preguntas sobre la vida. Este recuerdo todavía me hace llorar. Era mi padre.

Antagonistas de toda la vida, no creía que lo amara.

No pensé que lloraría. Pero lloré.

# Mi madre encarnó el amor desinteresado

*https://henrymakow.com/2024/05/my-mother-exemplified-selfless.html*

**Con su ejemplo, mi madre, Helen Iskowicz Makow (1919-1983), me enseñó que el amor es devoción desinteresada a la familia.**

**Para mi vergüenza, su abnegación se dio por sentada.**

**De lo que más me arrepiento es de no haberle demostrado a mi madre cuánto la quería antes de que muriera en 1983 de cáncer de mama.**

**Creo que ella sabía que yo la quería, pero a los 33 años era demasiado egocéntrico para corresponderle. Recuerdo con vergüenza que me senté en su habitación del hospital a corregir trabajos mientras agonizaba.**

Mi madre dando de comer a mi hermano en 1958

Cuando la gente se muere, no podemos despedirnos fácilmente. Es incómodo. Queremos mantener la ilusión de recuperación.

Me enseñó cómo una mujer trae amor al mundo con su dedicación desinteresada a la familia. Cuando alguien se sacrifica totalmente por ti, cuando alguien está incondicionalmente por ti, es bastante difícil no corresponderle con todo tu corazón.

Las madres son los héroes anónimos de la sociedad. Realizan la difícil e ingrata labor de criar y enseñar a niños indefensos en la salud y en la enfermedad.

Las madres inician el ciclo del amor.

El credo de mi madre era servir primero a su marido, segundo a sus hijos, tercero a Canadá y cuarto a Israel. Ella no estaba en su propia lista.

La familia nuclear es la piedra angular de una sociedad sana. Papá nos hizo esta foto.

Nunca exigió nada a cambio y, como resultado, la dimos por sentada. La explotamos.

Era tan desinteresada que me di cuenta cuando, una vez en la cena, cogió un trozo de pollo para ella sola.

Crecí en una época en la que los medios de comunicación nos enseñaban que las amas de casa no molaban. Mujeres como mi madre, que cuidaban y amaban a sus familias, eran denigradas. Esa actitud se me pegó. Me lavaron el cerebro.

Obviamente, esto formaba parte de la guerra cabalista (comunista) de aniquilación contra la familia y la sociedad en su conjunto.

## BUSINESSWOMAN

Mi madre tenía un próspero negocio de importación de correas de reloj de Suiza. Cuando mi padre se estableció más, le pidió que se dedicara a los niños. Esto fue alrededor de 1954.

Estaba orgullosa de ser la señora de David Makow, esposa de un físico y madre de tres hijos. Las mujeres se han visto privadas de este papel social consagrado. Como consecuencia, muchas están bastante perdidas.

Una vez, cuando hacía una aparición televisiva en Nueva York para *Ask Henry*, un productor nos enseñó los lugares de interés en su coche deportivo.

Tuvimos un accidente. La puerta del coche se abrió volando y mi madre cayó al pavimento.

Grité asustada: "¡Mamá!".

Afortunadamente, no resultó herida.

Pero después, comentó satisfecha: "Sí que me quieres".

¿Por qué tuvo que ocurrir un accidente para demostrárselo?

Mi madre había sobrevivido a la guerra pasando por gentil. No terminó el bachillerato y no leía libros. Pero tenía una sofisticada colección de sellos y hacía batiks.

Cuando tenía ocho años, le conté un incidente que había ocurrido en la escuela. Me dijo que fuera fuerte y defendiera lo que es justo.

Esto se llama "valor moral", dijo.

Eso no se aprende en la escuela. Se aprende en la vida.

# La liga de fútbol canadiense me da esperanzas

Mis Bombers han perdido sus cuatro primeras salidas. El quarterback Zach Collaros, número 8, estadounidense, y sus dos mejores receptores están en la lista de lesionados.

**Aparte del sector empresarial , la CFL es el único lugar que queda en Canadá donde cuenta el rendimiento, no la política de identidad o de género.**

**Con la toma del poder comunista en Canadá, todas las instituciones sociales están con respiración asistida.**

Dirigido por Justin Castreau, el gobierno recibe órdenes la FEM. La Comisión Canadiense de Radiodifusión, antaño un incondicional nacional, es ahora la agencia de propaganda del Estado.

Nadie mira ni escucha. El resto de los "medios de comunicación tradicionales" también son una broma. Las universidades están todas controladas por comunistas. La profesión médica está totalmente desacreditada.

Donde no hay libertad de expresión, no hay arte ni cultura.

Sólo queda una institución nacional que siga enorgulleciendo a Canadá, la Liga Canadiense de Fútbol, e irónicamente la mayoría de los mejores jugadores son estadounidenses, sobre todo negros. Pero eso es lo que quiero decir.

Aparte de los negocios, la CFL es el único lugar donde el rendimiento es lo único que importa. No importa si eres blanco, negro, gay o verde. No hay discriminación positiva. O rindes o estás fuera. Y eso se nota en el alto nivel atlético y la intensidad competitiva. Se trata de auténticos concursos en los que no se hacen prisioneros.

Cuando me desanimo, estos jugadores me inspiran. Cuando van por detrás, no se rinden. Siguen luchando. Eso es lo que hacen los hombres. Tenemos que promover valores masculinos como estos.

La CFL es uno de los últimos lugares donde hay consecuencias. No hay redes de seguridad social, subvenciones ni rescates gubernamentales. Hoy estás aquí y mañana no. Siempre hay nuevos jugadores ávidos de una oportunidad. No puedes "llamar por teléfono".

Afortunadamente, la CFL ha dejado de ser política. En el pasado, los entrenadores y los jugadores tenían que lucir camisetas con el lema "La diversidad es nuestra fuerza". Los jugadores tenían que llevar lazos rosas en junio por el cáncer de mama. Gracias a Dios, toda esta propaganda comunista deleznable ha desaparecido este año. Tampoco se mencionan los derechos de los sodomitas.

Este es el último refugio de la masculinidad en Canadá. Se trata de hombres -bellos hombres blancos y bellos hombres negros- que realizan increíbles actos de atletismo: lanzamientos y recepciones, carreras y placajes. Son cosas que las mujeres no pueden hacer. Y sí. Hay animadoras. Todas mujeres de verdad.

Por último, la CFL es uno de los últimos lugares de Canadá que no está arreglado. Muchos de mis lectores piensan que todo está arreglado. Yo no estoy de acuerdo. Veo todos los partidos y no están amañados. Las repeticiones en vídeo garantizan que todo el mundo pueda ver lo que ocurrió realmente. Las decisiones arbitrales se anulan. ¿Dónde más se puede decir eso?

Hay otra área que me da esperanza: Las empresas. Puede que el Gobierno esté imprimiendo dinero de la nada, pero todo el mundo fuera del Gobierno está produciendo un producto o servicio que otra persona quiere y pagará. El rendimiento también sigue siendo importante. La competencia mantiene la honradez. Hay que vencer a la competencia para salir victorioso. La libre empresa es como el cuerpo de un gigante sin cabeza. Es resistente. La gente sigue necesitando ganar dinero. Seguimos siendo importantes, aunque sólo sea como consumidores.

## CONCLUSIÓN

El CFL es el último refugio de la realidad y el sentido común en un país donde los bebés son envenenados con vacunas, y los niños reciben hormonas que modifican su género sin el conocimiento de sus padres, los enfermos mentales son sometidos a eutanasia como en la Alemania nazi, y hasta el 30 de septiembre de 2022, los adultos no podían entrar o salir del país sin tomar una "vacuna" potencialmente mortal.

Amo este país y amo Winnipeg. Llevo 74 años viviendo en Canadá y 43 en Winnipeg. Aquí es donde pertenezco. En México soy un pez fuera del agua. Políticamente, los canadienses pueden ser tontos, pero en general son bien intencionados, amantes de la paz y decentes. A diferencia de México, hay cuatro estaciones. El tiempo es diferente cada día. Yo soy un hombre de interior, así que no me importa el frío.

Los globalistas viven en el país de las nubes. No van a tener éxito. Están al descubierto. Están desnudos. Su atroz crimen está a la vista de todos.

Al final, los canadienses se darán cuenta de lo que está pasando. Los comunistas serán arrojados al basurero de la historia.

# Cómo sería un buen reinicio

**Le dimos nuestras tarjetas de crédito nacionales a un culto satánico.**

**Como de costumbre, los judíos cabalistas se han extralimitado.**

**Se han desacreditado a sí mismos con el engaño de la pandemia y las "vacunas" obligatorias.**

**Ahora tenemos una oportunidad única de reflexionar, reimaginar y reajustar nuestro mundo para que busque cumplir el Plan del Creador.**

**Esta es una rara oportunidad para deshacerse del yugo nefasto del cártel bancario central satanista (judío masónico) que es responsable de un sufrimiento incalculable bajo la égida del comunismo, la guerra, el genocidio, la depresión, las plandemias, la disforia de género, el terrorismo, el satanismo, la corrupción y la depravación sexual.**

**Percibo un cambio sísmico.** Los banqueros se han pasado de la raya y se han expuesto a sí mismos y a sus vasallos masones (nuestros "líderes" electos) como traidores, gángsters, psicópatas, criminales, pervertidos y asesinos en masa. Suecia, Florida, Texas y Dakota del Sur rompieron filas y demostraron que el Covid 19 era una mentira.

Esto es lo que implicaría un reinicio benévolo.

**1. En primer lugar, las naciones deben tomar el control sobre su crédito y la creación de moneda. Deberían renunciar a toda la "deuda" creada de la nada y crear el medio de cambio gastándolo para que exista, sin deudas ni intereses.**

2. Se prohibirían las vacunas de ARNm. 3. Todos los políticos, periodistas y funcionarios médicos que colaboraron en el engaño de Covid serían despedidos. Jacob Rothschild, George Soros, Klaus Schwab, Bill Gates y Tony Fauci serían juzgados por crímenes contra la humanidad y se les confiscaría su patrimonio para engrosar las arcas públicas. Joe Biden sería encarcelado por amañar unas elecciones. El traidor Donald Trump sería juzgado por falsa oposición de reality show y abandono del deber.

3. Los monopolios mediáticos y tecnológicos serán nacionalizados, disueltos y revendidos a personas que garanticen la libertad de expresión y el libre flujo de información. 4. La CIA y el FBI serán clausurados y reorganizados. La policía local y estatal será purgada de masones. La ONU será clausurada y su edificio destruido.

4. La masonería sería prohibida. Sus principales miembros serían juzgados y encarcelados. Se prohibiría a los masones ocupar cargos o empleos públicos.

5. Los comunistas serían purgados del sistema educativo, especialmente de las universidades.

Las universidades protegerían la libertad de expresión y de investigación. Se reinstauraría el método científico. Se restaurarían las estatuas confederadas. La historia no se retocará.

6. La diversidad, la cultura cancel y la CRT estarían prohibidas y castigadas. La contratación sería ciega al género y al color. Los inmigrantes ilegales que no encuentren empleo serán deportados.

7. Las elecciones se financiarían con fondos públicos. No se permitirían contribuciones privadas. **Los políticos no podrían beneficiarse de su mandato.**

8. La promoción del satanismo, la disforia de género, la inmigración ilegal, el cambio climático y todos los shibboleths globalistas se castigarían con multas y penas de prisión.

Lo que la gente haga en privado es asunto suyo, pero la subversión deliberada de la sociedad no puede tolerarse.

9. Los valores familiares -matrimonio, fidelidad, paternidad responsable- se convertirían en política gubernamental. La vida humana se consideraría sagrada. El aborto se reduciría o prohibiría.

Se fomentaría un sano orgullo nacional y racial . A todo el mundo se le darían oportunidades en función de sus méritos individuales y de su industria, no de su raza o género.

10. Habrá un esfuerzo colectivo para discernir y promulgar el Designio del Creador. Se animará al público a celebrar el Milagro de la Vida y a alabar a Dios.

Si se adoptan estas medidas, la humanidad daría un paso atrás del abismo y recuperaría el camino hacia donde la humanidad puede florecer como estaba previsto.

No es demasiado tarde para que la judería organizada se ahorre a sí misma y a la humanidad muchos traumas cambiando de rumbo. No es demasiado tarde para que los Rothschild se conviertan en benefactores de la humanidad y disfruten del amor, en lugar del odio, de miles de millones.

# Propuesta modesta: Un "Acuerdo de Despoblación Humana"

**La humanidad acepta extinguirse pacíficamente.**

**Propuesta modesta - La humanidad reconoce que está en coma y acepta desenchufarse. Acepta ser esterilizada a cambio de una tregua de los judíos comunistas y sus lacayos masones (es decir, satanistas, sionistas, liberales, antifa, transexuales, feministas).**

**Dentro de un siglo corto, el planeta se librará de comedores inútiles (nosotros) y se convertirá en un patio de recreo para satanistas/comunistas enfermos y su número preferido de pervertidos.**

**"La esterilización no debería ser un problema. Es obvio que a la gente ya no le importan sus hijos ni el mundo que heredarán".**

**Tengo una solución a los problemas de la humanidad que debería satisfacer a todos.**

La humanidad se ofrece voluntaria para ser esterilizada a cambio de que los banqueros judíos satanistas y los masones (comunistas y sionistas) pongan fin a su guerra contra Dios y el hombre.

## ¿Qué gana la humanidad con esto?

1. Los satanistas/comunistas cancelan sus bulos sobre las "vacunas" y el cambio climático, las guerras gratuitas, los chemtrails, la geoingeniería, los CBDC, las ciudades de 15 minutos, la CRT, la locura de los encierros y los pasaportes vacunas. Frenarán a sus matones Antifa/BLM ante los que nos acobardamos de miedo como niñas pequeñas. Evitaremos la violenta distopía del "Invierno Oscuro" y disfrutaremos de relativa paz y libertad.

2. No seremos vacunados a la fuerza, nos retorceremos de dolor y moriremos prematuramente.

3. Se suspenderá la guerra psicológica tóxica contra el género, la raza, la religión y la nación. 4. Conservaremos algún vestigio de dignidad humana durante nuestros años crepusculares en el planeta.

4. Un número razonable puede librarse de la esterilización para proporcionar una reserva de sirvientes, sacrificios humanos, donantes de órganos y esclavas sexuales para los Elegidos.

5. La humanidad se libra de una guerra nuclear gratuita y catastrófica destinada a reducir la población.

## ¿Qué sacan de esto los satanistas/comunistas

1. No tendrán que escuchar a los comilones inútiles quejarse y lloriquear en Internet mientras nuestro miserable destino se nos echa encima poco a poco.

2. No tendrán que hacer frente a un levantamiento similar al del gueto de Varsovia, ya que la humanidad por fin se da cuenta de que no tiene nada que perder con la resistencia violenta.

3. Los satanistas heredan el planeta, sus recursos y las propiedades de todos. Pueden empezar a planear su paraíso y no preocuparse por imponer su farsa de "Gran Restablecimiento" a las masas recalcitrantes.

## Posibles objeciones de la humanidad

1. La cuota para la casta de esclavos sexuales puede no ser lo suficientemente grande.

La reforma democrática aún es posible. Sólo porque complazcan a Israel, los líderes patriotas no son una oposición controlada. Los comunistas no amañarían las futuras elecciones, ¿verdad?

No se me ocurre ninguna otra objeción. La esterilización no debería ser un problema. Es evidente que a la gente ya no le importan los niños ni el mundo que heredarán. ¿Se le ocurre alguna otra objeción? (hmakow@gmail.com) No he recibido ninguna hasta la fecha.

## Posibles objeciones de los satanistas/comunistas

1. Cien años es demasiado tiempo para esperar a que todos los recién nacidos mueran de forma natural.

2. Como satanistas, no nos conformamos con erradicar la raza humana. Servimos a Satanás y nos deleitamos haciendo sufrir a la gente.

3. Ya hemos esterilizado ("vacunado") a la mayoría de vosotros, comedores de inútiles. No necesitamos este trato.

4. No cumplirá su trato y utilizará la tregua para fortalecerse y planear su resistencia.

5. Las acciones de las empresas de vacunas se desplomarán.

6. Creemos en el orden a partir del caos. ¿Dónde está el caos? Satanás le bajará el pulgar.

## Reposte de Humanity

Es un compromiso. En una negociación exitosa, nadie queda completamente satisfecho.

No podrá vacunarnos a todos ni escapar a nuestra ira colectiva. Una Comisión Mixta podría hacer cumplir el "Acuerdo de Despoblación Humana". La esterilización no es diferente de la vacunación. Es una venta fácil; otra forma de que la gente señale la virtud. Es por el bien común.

## CONCLUSIÓN

Es evidente que hoy en día la gente es demasiado egoísta, venal, cobarde y débil mental como para unirse y defenderse.

Son demasiado estúpidos para darse cuenta de que una "pandemia" con una tasa de mortalidad del 00,25% no es una pandemia, y una enfermedad sin síntomas no es una enfermedad.

Su aquiescencia a la borrachera de deuda del gobierno demuestra que están felices de tirar a las generaciones futuras bajo el autobús. La esterilización está hecha para ellos.

No quiero un Premio Nobel.

Sólo quiero vivir los años que me quedan en libertad, paz y dignidad.

Esto es una sátira, pero asusta el sentido que tiene.

# Otros títulos

OMNIA VERITAS
Omnia Veritas Ltd presenta:
Historia
de los Bancos Centrales
y la esclavitud de la humanidad
de
STEPHEN MITFORD GOODSON
A lo largo de la historia,
el papel de los prestamistas
se ha considerado a menudo
como la "mano oculta"...
El director de un banco central revela
los secretos del poder monetario
Una obra clave para comprender el pasado, el presente y el futuro

OMNIA VERITAS
Omnia Veritas Ltd presenta:
LA
CONTROVERSIA
DE SIÓN
de
Douglas Reed
Los siglos de raíces y la
agenda oculta del
sionismo revelado
El libro-clave sin censura
ya está disponible en español!

OMNIA VERITAS
OMNIA VERITAS LTD PRESENTA
Los
Conquistadores
del MUNDO
LOS VERDADEROS CRIMINALES DE GUERRA
Desde hace más de un siglo,
bajo diversos pretextos,
se libra una batalla por el
poder sobre las naciones
La estructura de la sociedad moderna, con su superpoblación, ha desarrollado como consecuencia la idolatría del poder

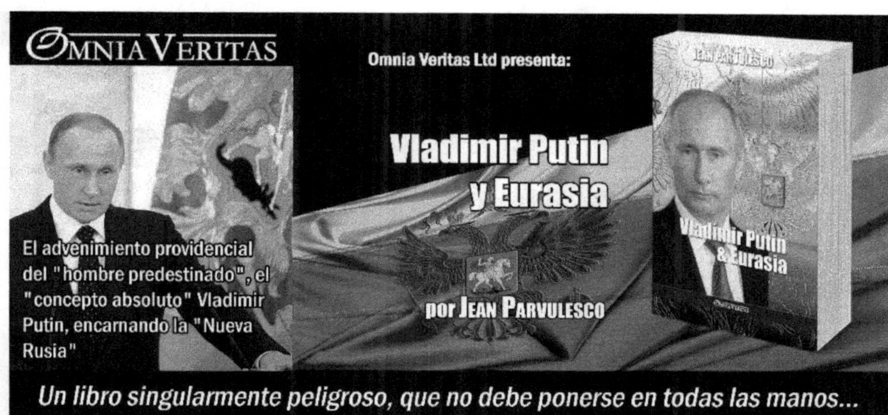
OMNIA VERITAS
Omnia Veritas Ltd presenta:
Vladimir Putin
y Eurasia
por JEAN PARVULESCO
El advenimiento providencial del "hombre predestinado", el "concepto absoluto" Vladimir Putin, encarnando la "Nueva Rusia"
Un libro singularmente peligroso, que no debe ponerse en todas las manos...

OMNIA VERITAS.
Las verdades naturales-sobrenaturales arrancan de una tradición comunicada por Dios directamente al hombre

OMNIA VERITAS
OMNIA VERITAS LTD PRESENTA:
HE
AQUÍ
UN
CABALLO
PÁLIDO
MILTON WILLIAM COOPER
Creo, pues, que se está jugando una gran partida de ajedrez a unos niveles que apenas podemos imaginar, y nosotros somos los peones.
Se nos han enseñado mentiras. La realidad no es en absoluto lo que percibimos.

OMNIA VERITAS
MK ULTRA
Abuso ritual y control mental
Herramientas de dominación de la religión sin nombre
Por primera vez, un libro intenta explorar el complejo tema del abuso ritual traumático y el control mental resultante...
ALEXANDRE LEBRETON
MK ULTRA
¿Cómo es posible programar mentalmente a un ser humano?

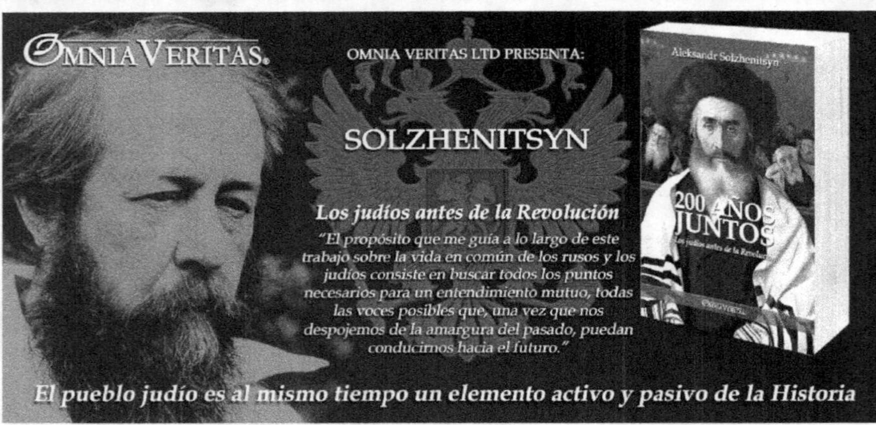
OMNIA VERITAS
OMNIA VERITAS LTD PRESENTA:
SOLZHENITSYN
Los judíos antes de la Revolución
"El propósito que me guía a lo largo de este trabajo sobre la vida en común de los rusos y los judíos consiste en buscar todos los puntos necesarios para un entendimiento mutuo, todas las voces posibles que, una vez que nos despojemos de la amargura del pasado, puedan conducirnos hacia el futuro."
Aleksandr Solzhenitsyn
200 AÑOS JUNTOS
El pueblo judío es al mismo tiempo un elemento activo y pasivo de la Historia

OMNIA VERITAS
OMNIA VERITAS LTD PRESENTA:
SOLZHENITSYN
Los judíos en la Unión Soviética
"La revolución de 1917 dio un fuerte impulso al judaísmo ruso, por lo que el ensayo se extendió naturalmente al periodo posrevolucionario. Así nació el título Doscientos años juntos."
Aleksandr Solzhenitsyn
200 AÑOS JUNTOS
Los judíos en la Unión Soviética
La singularidad del entrelazamiento ruso-judío desapareció durante el nuevo Éxodo

OMNIA VERITAS
OMNIA VERITAS LTD PRESENTA
LA MAYORÍA DESPOSEÍDA
LA MAYORÍA DESPOSEÍDA
EL TRÁGICO Y HUMILLANTE DESTINO DE LA MAYORÍA ESTADOUNIDENSE

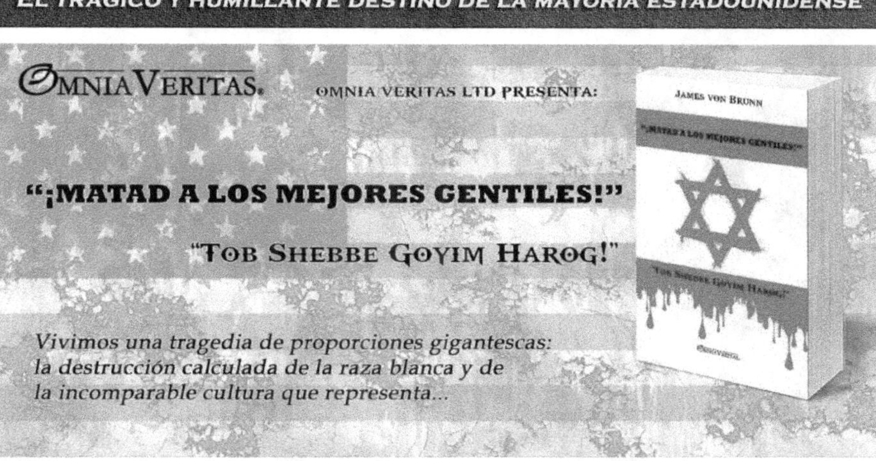
OMNIA VERITAS
OMNIA VERITAS LTD PRESENTA:
JAMES VON BRUNN
"¡MATAD A LOS MEJORES GENTILES!"
"TOB SHEBBE GOYIM HAROG!"
Vivimos una tragedia de proporciones gigantescas: la destrucción calculada de la raza blanca y de la incomparable cultura que representa...

OMNIA VERITAS
OMNIA VERITAS LTD PRESENTA:
EL ENEMIGO INTERIOR
Las cabras de Judá
Michael Collins Piper
En lugar de permitir que los judíos sigan con su peligroso planteamiento racista y supremacista autodenominándose "el pueblo elegido de Dios", los estadounidenses deberían combatirlo...
¡Rompamos la espalda al lobby sionista y cambiemos la política estadounidense!

OMNIA VERITAS
OMNIA VERITAS LTD PRESENTA:
La bomba nuclear israelí está empujando a la civilización hacia el Armagedón global, y la perpetuación de este programa armamentístico incontrolado ha tomado al mundo como rehén...
EL GÓLEM
Michael Collins Piper
Los partidarios de Israel han secuestrado la política internacional de EE.UU.

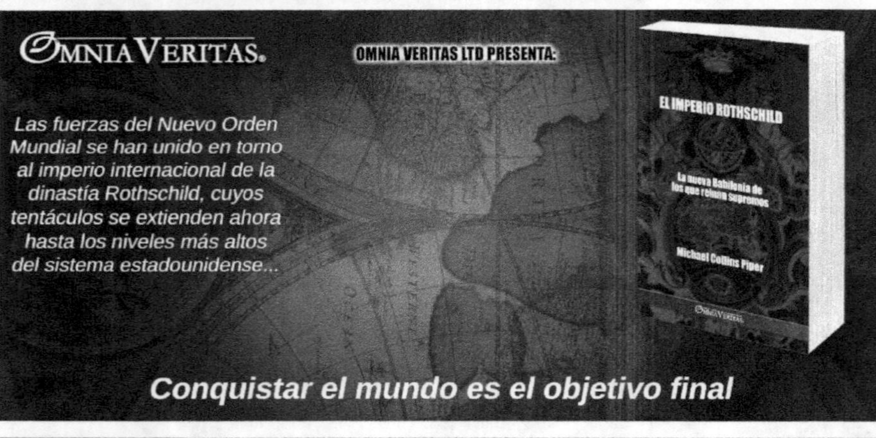
OMNIA VERITAS
OMNIA VERITAS LTD PRESENTA:
Las fuerzas del Nuevo Orden Mundial se han unido en torno al imperio internacional de la dinastía Rothschild, cuyos tentáculos se extienden ahora hasta los niveles más altos del sistema estadounidense...
EL IMPERIO ROTHSCHILD
Michael Collins Piper
Conquistar el mundo es el objetivo final

OMNIA VERITAS
OMNIA VERITAS LTD PRESENTA:
El Estado de Israel no es más que el símbolo de un sueño ancestral que, en realidad, se ha hecho realidad aquí mismo, en Estados Unidos: la nueva Jerusalén...
LA NUEVA JERUSALÉN
El poder sionista en América
Michael Collins Piper
Aquellos que reinan con la sola fuerza de su poder financiero...

OMNIA VERITAS
OMNIA VERITAS LTD PRESENTA:
La base de la agenda neoconservadora -desde el principio- no fue sólo la seguridad, sino también el avance imperial del Estado de Israel...
LOS SUMOS SACERDOTES
DE LA GUERRA
Michael Collins Piper
La Guerra Fría fue realmente un engaño...

OMNIA VERITAS
OMNIA VERITAS LTD PRESENTA:
La verdad es que los extremistas musulmanes han demostrado ser herramientas útiles (aunque a menudo involuntarias) para hacer avanzar la agenda geopolítica de Israel...
SECRETOS DE ESTADO
Michael Collins Piper
¿Por qué iba Israel a apoyar en secreto a extremistas islámicos fundamentalistas?

OMNIA VERITAS
OMNIA VERITAS LTD PRESENTA:
JUICIO FINAL
el eslabón perdido del
asesinato de
JFK
de Michael Collins Piper
Volumen I
Se trata claramente de Israel y su Mossad, la única fuerza que vincula a todos los presuntos conspiradores mencionados con más frecuencia: la CIA, las fuerzas anticastristas cubanas, el crimen organizado y, más concretamente, el sindicato del crimen de Meyer Lansky...
El papel del Mossad y de Israel en el crimen del siglo

OMNIA VERITAS
OMNIA VERITAS LTD PRESENTE:
COUDENHOVE-KALERGI
IDEALISMO PRÁCTICO
NOBLEZA - TECNOLOGÍA - PACIFISMO
Tanto en las democracias republicanas como en las monárquicas, los hombres de Estado son marionetas y los capitalistas son tiradores de hilos: ellos dictan las directrices de la política.
La estructura social feudal ha sido sustituida por la estructura social plutocrática: ya no es el nacimiento lo que determina la posición social, sino los ingresos. La plutocracia de hoy es más poderosa que la aristocracia de ayer, porque nada está por encima de ella, salvo el Estado, que es su herramienta y su cómplice.
IDEALISMO PRÁCTICO
COUDENHOVE-KALERGI
El plan Kalergi para destruir a los pueblos europeos
El plan Kalergi para destruir a los pueblos europeos

OMNIA VERITAS
OMNIA VERITAS LTD PRESENTA:
LA COLECCIÓN EUSTACE MULLINS
MUERTE POR INYECCIÓN
LA MALDICIÓN DE CANAÁN
NUEVA HISTORIA DE LOS JUDÍOS
LOS SECRETOS DE LA RESERVA FEDERAL
EUSTACE MULLINS

OMNIA VERITAS®
www.omnia-veritas.com

www.ingramcontent.com/pod-product-compliance
Lightning Source LLC
Chambersburg PA
CBHW070756270326
41927CB00010B/2165

* 9 7 8 1 8 0 5 4 0 3 3 2 6 *